마음을 알면 공부가 쉬워진다고?

초판 1쇄 발행 2025년 6월 30일

지은이　　하니쌤
그린이　　조에스더
펴낸이　　진영수
디자인　　김세라

펴낸곳　　영수책방
　　　　　출판등록 2021년 2월 8일 제 2022-000024호
　　　　　전화 070-8778-8424 | 팩스 02-6499-2123 | 전자우편 sisyphos26@gmail.com
　　　　　홈페이지 ysbooks.co.kr

ⓒ 하니쌤·조에스더 2025
ISBN 979-11-93759-06-6 73180

* 잘못된 책은 구입처에서 교환하여 드립니다.
* 이 책은 저작권법에 따라 보호받는 저작물이므로 무단 전재와 무단 복제를 금지하며,
　이 책 내용의 전부 또는 일부를 이용하려면 저작권자와 영수책방의 동의를 받아야 합니다.

어린이제품안전특별법에 의한 제품표시
제조자명 영수책방　**제조국명** 대한민국　**사용연령** 만 8세 이상 어린이 제품

처음 읽는 어린이 학습 심리

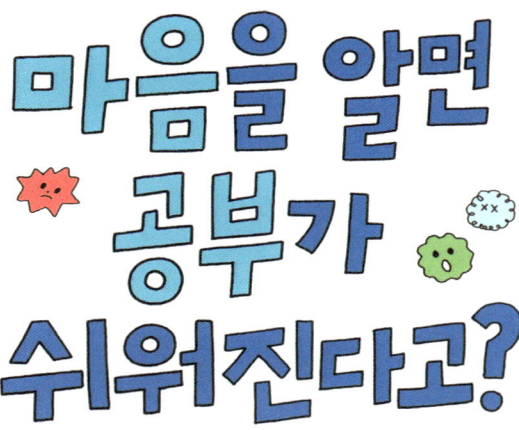

마음을 알면 공부가 쉬워진다고?

하니쌤(박현수) 지음 | 조에스더 그림

영수책방

작가의 말

"공부를 왜 해야 해요?"

많은 친구들이 이런 질문을 해요. 아마 여러분도 한 번쯤은 생각해 본 적 있을 거예요. 선생님도 어렸을 때 그랬거든요. '왜 꼭 공부를 잘해야 해? 왜 이렇게 힘들게 공부해야 해?' 그런 마음이 들 때마다 공부가 싫었어요.

그런데 오랫동안 아이들을 가르치면서 깨달았어요. 공부는 머리로만 하는 게 아니라, 마음으로도 한다는 걸요. '나는 해낼 수 있어! 지금은 어렵지만, 점점 나아질 거야!' 이렇게 생각하는 친구들은 시간이 지나면서 정말 많이 성장했

어요.

 그래서 여러분에게 마음의 힘을 알려주고 싶어 이 책을 썼어요. 왜 공부를 해야 할까? 공부를 잘하기 위해 어떤 마음을 가져야 할까? 마음을 어떻게 다스리면 공부하는 데 도움이 될까? 이런 질문에 대해 함께 생각해 볼 수 있는 책이에요.

 지금은 공부가 어렵게 느껴질 수도 있어요. 어떤 날은 하기 싫고, 또 어떤 날은 '나는 왜 이렇게 못하지?' 하는 생각이 들 수도 있죠. 하지만 괜찮아요. 공부는 잘하는 사람만 하는 게 아니에요. 넘어져도 다시 일어날 수 있는 사람, 모르는 걸 두려워하지 않고 조금씩 나아가려는 사람은 멋지게 공부할 수 있어요.

 이 책을 읽으며 여러분의 마음속에 '할 수 있다'는 믿음이 조금씩 자라나면 좋겠어요. 마음의 힘을 키우며 여러분만의 배움의 길을 걸어가 보세요. 여러분의 배움과 성장을 응원할게요!

1. 공부와 심리가 상관있나요?

공부가 뭘까요? • 10

심리는 또 뭘까요? • 14

공부할 때 여러 감정을 느낄 수 있어요 • 18

인간관계가 공부를 어렵게 만든다고요? • 22

스트레스를 피할 수 있을까요? • 25

2. 공부를 왜 해야 하는지 모르겠어요

동기가 필요해요 • 30

공부가 필요한 이유 • 34

국어, 수학, 사회, 과학 공부를 왜 하냐고요? • 37

매슬로가 들려주는 심리 이야기 • 42

3. 내가 정말 잘할 수 있을까요?

자기 효능감 : 나는 할 수 있어! • 46

학습된 무기력 : 공부해도 소용없어 • 51

자존감 : 어쨌든 나는 소중한 사람이야! • 54

회복 탄력성 : 어려움이 와도 금방 회복할 수 있어! • 57

끈기 : 포기하지 않고 끝까지 해낼 거야! • 60

성장 마인드셋 : 실수를 통해 배울 거야! • 64

 4. 공부하고 싶은데 집중이 안 돼요

게임은 집중이 잘 되는데, 공부는 집중이 안 돼요! · 72
숏폼을 끊지 못하겠어요 · 75
친구들이 하니까 나도 하고 싶어요! · 81

 에릭슨이 들려주는 심리 이야기 · 84

 5. 어떤 길로 가야 할까요?

진로 찾기, 왜 중요한가요? · 88
진로를 찾기 위해 해야 할 일이 있나요? · 92
일과 직업을 긍정적으로 바라보기 · 96
그래도 저는 꿈이 없는데요 · 99

6. 사실, 나도 공부를 잘하고 싶어요!

공부 목표를 세우고 있나요? · 104
이해하며 공부하고 있나요? · 108
시험이 꼭 필요할까요? · 111
잘 배우고 싶다면 메타 인지! · 114
도전! 좋은 공부 습관 만들기 · 117

 비고츠키가 들려주는 심리 이야기 · 122

1
공부와 심리가 상관있나요?

공부가 뭘까요?

"공부해라, 공부해야지!" 이 말을 들으면 어떤 생각이 드나요? '공부하기 싫어, 공부를 왜 해야 하지?' 이런 생각이 들지는 않나요? 저도 어렸을 때 공부하기 싫어서 몸이 꽈배기처럼 배배 꼬였던 기억이 있어요. 근데 여전히 공부하며 살고 있죠. 도대체 공부가 무엇이기에 내 곁을 떠나지 않고 있을까요?

공부는 새로운 것을 배우고 익히는 것을 말해요. 사람은 태어나서 성장하는 동안 많은 것을 배우죠. 글자를 읽고 쓰는 일, 수학 문제를 푸는 일, 더 나아가 우리가 사는 세상이 어떻게 돌아가는지 등을 배워요. 이 모든 것을 공부라고 할 수 있어요.

만약 사람이 공부하지 않는다면 어떨까요? 우선 지적 능력이 낮아질 거예요. 우리가 세상을 잘 살아가기 위해 갖춰야 할 문제 해결력, 창의력, 비판적 사고력 등을 기를 수 없을 테니까요.

또 내가 원하는 일을 하는 데 어려움이 생길 수도 있어요. 어떤 일을 잘하려면 그 일에 대한 지식, 기능을 익혀야 하는데, 이를 위해 공부가 필요해요. 만약 요리사가 되고 싶다면 맛있는 음식을 만드는 법, 음식 재료의 특성, 조리 방법 등을 공부해야 하죠. 어떤 일이든 공부하지 않고 잘할 수는 없어요.

공부는 내 삶을 더 만족스럽게 만들어 줘요. '말도 안 돼!' 지금 당장 공부하기 싫다는 마음에 이런 생각이 들 수도 있어요. 하지만 앞서 살펴봤듯이 공부는 어떤 일이든 잘할 수 있게 해 주고, 아는 것, 할 수 있는 것도 많아지게 해요. 아는 것과 할 수 있는 것이 많아지면 그만큼 우리 삶은 더 멋지게 되거든요. 새로운 언어를 알게 되면 다른 나라 사람들과 소통할 수 있고, 새로운 문화를 이해하면 세상을 더 넓게 볼 수 있죠. 악기 연주하는 방법을 배우면서 새로운 음악 세계를 접하고, 음악을 통해 감정을 나타낼 수도 있고, 연주회에 참여해서 성취감을 느낄 수도 있어요.

공부가 좋은 점이 많다 해도 하기 싫은 마음이 생기는 건 어쩌면 당연해요. 잘 모르는 것을 알아 가는 과정이 쉬운 일은 아니거든요. 노력도 필요하고 집중할 줄도 알아야죠. 공부하는 과정이 너무 힘들다는 생각이 들면 공부하기 싫은 마음으로 이어지기도 한답니다.

또 공부하다가 실수나 실패를 경험할 때도 있어요. 특히 시험을 통해 실패했다고 느낄 경우가 종종 있죠. 시험 볼 때 실력을 제대로 발휘하지 못하고 실수를 하거나 기대하던 점수를 받지 못해서 아쉬움, 실망감 등을 느껴요.

공부 말고 더 재미있는 일이 많은 것도 공부가 싫은 이유 중 하나예요. 세상에는 공부 말고 더 즐거운 놀 거리가 가득해요. 게임을 하거나 영상을 보는 일, 친구들과 노는 일은 즉각적으로 재미

를 느끼게 해 주죠. 반면 공부는 당장 만족감을 주지는 않아요. 공부해서 만족스럽다는 느낌을 받으려면 시간이 오래 걸려요.

　공부는 마치 마라톤 같아요. 마라톤은 긴 거리를 오랫동안 달려야 하며, 이를 위해 지속적인 연습과 노력이 필요하죠. 중간에 힘든 구간도 있고, 완주하려면 집중력과 인내심이 필요하고요. 하지만 완주했을 때 뿌듯함이란 엄청나죠.

심리는 또 뭘까요?

인간의 마음과 행동에 관해 연구하는 학문이 있어요. 바로 심리학이에요. 심리학자들은 인간의 다양한 심리에 대해 탐구한답니다. 우리가 정보를 어떻게 기억하는지, 우리가 새로운 것을 어떻게 배우고 익히는지, 우리가 기쁨, 슬픔, 화남 등 다양한 감정을 어떻게 느끼고 표현하는지, 우리가 어떤 성격과 행동 특성을 가지고 있는지를 연구하죠.

심리를 잘 알면 좋은 점이 많아요. 먼저 나 자신을 잘 이해할 수 있고, 다른 사람을 이해하는 데도 도움이 되죠. 감정과 행동이 어떻게 연관되는지도 파악할 수 있어요. 무엇보다 심리를 아는 일이 행복으로도 연결될 수 있어요. 나를 이해하고 나를 사랑하는 것만큼 행복한 일은 없거든요.

근데 그거 알아요? 심리, 즉 내 마음을 잘 이해한다면 공부하는 데도 큰 도움이 된다는 거예요.

심리학자들이 연구하는 분야는 아주 다양한데 그중 공부하는 과정에서 나타나는 심리에 대한 것도 있어요. 개인마다 다른 학습 방식, 공부 동기를 가질 수 있는 방법, 스트레스를 효과적으로 관리하는 방법, 친구 관계와 학업의 연관성 등을 연구하죠. 그리고 단순히 이론에만 그치지 않고 실제로 공부 현장에서 활용할 수 있는 정보도 제공해요.

만약 여러분도 심리학에 대해 알고 이를 활용한다면 스트레스를 덜 받으면서 더 효과적으로 공부하는 방법을 찾을 수도 있을 거예요. 어때요? 한번 심리에 대해서 알아 가고 싶은 마음이 생기지 않나요?

지금 여러분을 가장 힘들게 하는 것 중 하나가 공부라는 건 잘 알고 있어요. 그래서 어떻게 하면 공부를 나만의 방법으로 잘할 수 있을지, 어떻게 하면 주변 사람들의 영향을 덜 받으면서 공부할 수 있을지, 무엇보다 어떻게 하면 공부가 재미있을지 등을 마음을 통해 알아보려고 해요. 나와 다른 사람의 마음을 이해하는 과정이 쉽지 않을 수도 있어요. 그래도 내 마음이 다치지 않으면서 좀 더 지혜롭게 공부할 수 있도록 끝까지 달려가 봐요.

공부할 때 여러 감정을 느낄 수 있어요

 오늘도 지우는 어김없이 열심히 공부했어요. 과학 시간에 우주와 별에 대한 이야기를 들었는데, 눈이 반짝였어요. 이렇게 신비한 세상이 있다니 호기심이 생기고, 즐거움도 커져 갔죠.

 하지만 수학 시간은 달랐어요. 지우는 수학이 가장 어려웠거든요. 어려운 문제를 풀어 보려고 했지만, 답이 쉽게 나오지 않았어요. '나는 왜 이렇게 수학을 못하지?' 좌절감을 느끼며 책을 덮어 버리고 싶었어요. 결국 문제를 다 풀지 못한 채 수업이 끝났고, 지우는 스스로가 실망스러웠어요.

학교에서 돌아온 지우는 이대로는 안 된다고 생각했어요. 그래서 수학 문제를 다시 풀어 보기로 했죠. '이번에는 꼭 풀겠어!' 지우는 마음을 다잡고 문제를 풀기 시작했어요. 몇 번의 시도 끝에 마침내 답을 찾아냈죠. '드디어 내가 풀었어!' 지우는 큰 성취감을 느끼고 자신감이 생겼답니다.

사람의 마음에 일어나는 여러 감정을 정서라고 하는데, 지우처럼 우리가 공부할 때 느끼는 정서는 다양해요. 먼저 공부할 때 일어나는 긍정적인 정서로는 뭐가 있을까요? 새로운 지식을 접하면 호기심을 가질 수 있고, 어려운 문제를 해결했을 때 만족감이 들기도 하죠. 좋아하는 과목에는 흥미로움을 느끼기도 해요. 좋은 성적을 받거나 목표를 달성했을 때는 기쁨이 가득하고요.

부정적인 정서를 느낄 수도 있어요. 어려운 내용을 이해하지 못하거나 성적이 잘 나오지 않았을 때 실망감, 좌절감을 겪기도 하고, 시험이나 과제 혹은 발표를 앞두고 불안함을 느끼기로 하죠. 오랜 시간 공부하다 보면 짜증도 나고요.

이러한 정서는 공부에 영향을 줘요. 긍정적인 정서는 공부에 대한 의욕을 키워 주고, 더 열심히 공부하는 데 발판이 될 수 있어요. 반면에 부정적인 정서는 공부에 집중하는 걸 방해해요.

하지만 우리가 항상 기쁨, 즐거움과 같은 긍정적 정서만을 느낄 수는 없어요. 살다 보면 부정적 정서를 느낄 때도 있답니다. 부정

적인 정서가 공부에 안 좋은 영향을 준다고 해서 이것을 아예 피할 수는 없죠. 그래서 우리는 부정적인 정서를 효과적으로 관리하는 방법을 익혀야 해요.

부정적인 정서를 잘 조절하기 위해서는 먼저 내 감정을 잘 알아야 해요. 지금 내가 어떤 감정을 느끼고 있는지, 왜 이러한 감정을 느끼고 있는지 생각하는 거예요. 감정 일기를 써 보는 것도 도움이 돼요. 언제, 어떤 상황에서 어떠한 감정을 느꼈는지 기록해 보는 거죠. 그럼 다음에도 비슷한 감정이 생겼을 때 원인을 알 수 있고 좀 더 쉽게 대처할 수 있어요.

부정적인 정서를 무시하거나 무조건 누르고 있는 건 좋지 않아요. 만약 부정적인 정서가 너무 커질 때는 심호흡을 하면서 조절해 봐요. 편안한 자세로 깊게 숨을 들이마시고 천천히 내쉬면서 긴장을 푸는 거죠.

긍정적으로 생각하는 방법도 좋아요. 부정적인 상황에서 긍정적인 면을 찾아보는 연습을 해 보세요. 예를 들어 시험을 망쳤을 때 이번 경험을 통해 더 열심히 공부해야겠다고 생각하는 거죠. '나는 왜 이렇게밖에 못하지?, 이건 너무 어려워!'와 같은 부정적인 생각을 긍정적으로 고쳐 보는 거예요. '노력하면 더 나아질 거야, 쉽지는 않지만 차근차근 하나씩 해 보자'와 같이 말이죠.

인간관계가 공부를 어렵게 만든다고요?

　기분이 안 좋을 때 공부하기 싫었던 경험이 있나요? 꼭 공부하는 과정에서 생긴 부정적인 정서만 공부를 방해하는 건 아니에요. 공부하기 전부터 이미 부정적인 정서가 생긴 경우도 공부하기 싫어진답니다.
　먼저 건강은 감정은 물론 공부에까지 영향을 줘요. 몸이 건강하면 에너지가 많아서 쉽게 피곤해지지 않고 나쁜 감정이 생겨도 빠르게 빠져나올 수 있어요. 하지만 건강이 좋지 않으면 기분도 쉽게 나빠지고 거기서 헤어 나오기가 어려워요. 아플 때 평소보다 더 공부하기 힘들었던 경험이 있을 거예요. 집중력도 생기지 않고 짜증도 나죠.
　주변 사람과의 관계가 정서와 공부에 영향을 주기도 해요. 가족이 나를 사랑하고 지지한다는 생각이 들면 공부하는 과정에도 도움이 돼요. 공부나 시험에서 실패했을 때 부모님이 위로하고 응원해 주면 다시 도전할 용기가 생기기도 한답니다.

반면에 가족과 다투거나 갈등이 생기면 어떨까요? 마음이 아프고 스트레스가 생겨요. 학교에 가기 전에 부모님과 싸웠을 때를 생각해 보세요. 수업 시간에도 자꾸 그 일이 떠올라 선생님 이야기가 들리지 않을 거예요.

친구 관계도 마찬가지예요. 친구와의 좋은 관계를 유지하고 있다면 행복감이 커져요. 친구와 함께 놀고 수다를 떨며 시간을 보내는 일은 즐겁고, 마음에 안정감을 주죠.

하지만 친구와 갈등이 생겼을 때는 정서적으로 힘들 수 있어요. 친구와 다투거나 오해가 생기면 마음이 아프고 슬프거나 화가 나죠. 공부를 하려고 해도 집중이 안 되고 공부할 마음도 생기지 않을 거예요.

이렇게 다른 사람과의 관계는 공부에도 영향을 줘요. 그러니 다른 사람과 좋은 관계를 형성하고 유지하기 위해 노력해야 해요. 만약 갈등이 생겼다면 지혜롭게 잘 해결하는 게 중요해요.

스트레스를 피할 수 있을까요?

학교생활이나 친구 관계 등에서 어려운 상황을 접하면 스트레스를 받을 수 있어요. 시험을 앞두고 있을 때, 친구와 다투었을 때, 새로운 환경에 적응해야 할 때 스트레스가 생기죠.

스트레스는 우리 감정에 영향을 줘요. 스트레스를 받으면 불안하고 걱정하는 마음이 생길 수 있거든요. 스트레스가 계속되면 기분이 우울해지고, 쉽게 짜증이 날 수도 있고요.

스트레스 때문에 일상생활이나 공부에 지장이 있다면 스트레스를 받는 이유가 무엇인지 먼저 파악해야 해요. 시험, 숙제, 성적 압박, 친구와의 갈등, 가족 문제, 학교 분위기 등 말이죠. 스트레스 원인을 안 다음에는 스트레스 풀 방법을 찾아야 해요. 운동, 취미 활동, 휴식, 긍정적인 생각, 친구나 가족과의 대화 등 여러

가지가 있죠. 사람마다 스트레스를 줄이는 방법은 달라요. 그러니 나에게 가장 맞는 방법이 무엇인지 여러 가지를 시도해 봐야 해요.

우리는 스트레스를 완전히 피할 수는 없지만 이를 잘 관리할 수는 있어요. 여기서 스트레스를 관리하는 데 도움이 되는 한 가지 방법을 알려 줄게요. 바로 감사 일기를 쓰는 거예요. 감사 일기는 내가 감사하게 생각하는 일을 기록하는 거예요. 이를 통해 긍정적인 감정을 키우고 스트레스를 줄일 수 있죠. 감사 일기를 쓰면 일상에서 긍정적인 면을 많이 찾게 돼요. 아주 작지만 나에게 도움이 되는 좋은 점이 더 잘 보이는 거예요.

매일 일정한 시간을 정해 감사 일기를 써 보세요. 자기 전에 하루를 돌아보며 감사한 일을 기록해도 좋겠죠. 잘 쓰려고 하기보다는 부정적인 생각을 내려놓고, 감사한 마음에 집중하는 거예요. "오늘 학교에서 친구와 함께 점심을 먹으며 즐거운 시간을 보냈다, 선생님께서 내 질문에 친절하게 답변해 주셔서 이해가 잘 됐다, 집에서 가족과 함께 맛있는 저녁 식사를 했다"와 같이 쓰면 돼요. 매일 감사한 일을 기록하며 나의 정서와 스트레스를 건강하게 관리해 보는 건 어떨까요?

2
공부를 왜 해야 하는지 모르겠어요

동기가 필요해요

영희는 최근에 공부를 왜 해야 하는지 모르겠다고 생각했어요. 매일 학교에서 돌아오면 숙제도 부담이었고요. 숙제도 공부도 정말 지루하고 재미가 없었어요. 영희는 그냥 놀고 싶다는 마음만 가득했어요. 부모님은 공부가 중요하다고 했지만, 영희에게는 이 말이 크게 와 닿지 않았어요.

영희는 왜 공부하고 싶은 마음이 생기지 않는 걸까요? 그건 공부할 동기가 부족하기 때문이에요. 동기는 우리가 어떤 일을 하도록 만드는 힘인데 외적 동기와 내적 동기로 나눌 수 있어요.

외적 동기는 말 그대로 외부에서 발생하는 동기예요. 상을 받거나 칭찬을 듣고 싶은 마음, 부모님이나 선생님의 기대에 부응하고 싶은 마음 등이 외적 동기가 될 수 있어요.

내적 동기는 우리 마음속에서 우러나오는 동기예요. 새로운 지식을 배우는 것이 재미있어서, 내가 관심 있는 분야를 더 깊이 알고 싶어서 공부하는 것 등이 내적 동기라고 할 수 있어요.

외적 동기와 내적 동기는 공부를 하는 데 어떤 도움을 줄까요? 도은이와 수희의 이야기를 통해 알아볼게요.

어느 날, 도은이의 부모님께서 시험을 잘 보면 새로운 스마트폰을 사 준다고 하셨어요. 이 말을 들은 도은이는 스마트폰에 대한 기대감으로 평소 관심 없던 공부에 집중하기 시작했어요. 수업도 잘 듣고, 열심히 복습하며 공부했어요. 결국 도은이는 시험을 잘 봤어요. 부모님께서는 약속대로 새 스마트폰을 사 주셨죠. 하지만 시간이 지나면서 도은이는 공부에 흥미를 잃기 시작했어요. 가지고 싶었던 스마트폰을 받았으니 공부를 하게 만든 동기가 사라졌기 때문이에요. 결국 도은이의 성적도 떨어지고 말았답니다.

수희는 공부에 대한 내적 동기가 강한 학생이에요. 선물이나 칭찬 같은 것보다 모르는 것을 배우고 자신의 능력을 발전시키는 데 더 흥미가 있었죠. 수희는 수업 시간에도 적극적으로 참여하고 시험을 통해 자신이 얼마나 많이 아는지 확인받고 싶어 했어요. 수희도 공부에 압박을 느꼈지만 내적 동기가 강했기에 잘 극복했어요. 이는 좋은 학업 성과로 이어졌답니다.

공부는 긴 시간 동안 하는 거예요. 외적 동기를 중요하게 생각

하면 일시적으로는 도움이 될 수 있지만, 길게 보면 그렇지 않을 수도 있죠. 하지만 내적 동기만 강조하는 것도 비현실적이에요. 외적 동기와 내적 동기를 균형 있게 활용하는 게 좋아요.

내적 동기를 키우려면 성취감을 얻는 게 중요해요. 성취감은 우리가 어떤 목표를 이루었을 때 느낄 수 있는 기분이에요. 뿌듯하고 만족스러운 느낌이죠.

수학 공부를 꾸준히 하다 보면 예전에는 어렵기만 했던 문제가 쉽게 풀리는 걸 경험할 수 있어요. 이때 '내가 이렇게 어려운 문제를 풀다니!' 하며 성취감이 생기죠. 그렇게 작은 것부터 성취감을 느끼며 공부하다 보면 어느새 공부가 따분하지만은 않다는 걸 깨달을 거예요.

나의 학습 과정을 글로 남겨 보는 것도 학습 동기를 높일 수 있어요. 공부한 내용, 느낀 점 등을 쓰며 내가 어떤 노력을 했는지, 이를 통해 어떤 성과를 거두었는지 확인할 수 있어요.

그리고 무엇보다 지금 공부를 왜 하고 있는지를 생각해 봐야 해요. 공부하는 목적과 이유를 머릿속에서 정리해 보는 거예요. 나만의 공부할 이유를 찾는다면 공부하는 즐거움도 느낄 수 있어요. 그럼 공부를 왜 해야 하는지 함께 생각해 볼까요?

 **공부가 필요한 이유**

누구에게나 앞으로 잘살고 싶다는 마음이 있을 거예요. 근데 잘살아 가려면 꼭 필요한 것이 공부랍니다. 왜 그럴까요?

혹시 꿈이 있나요? 어른이 되면 무엇을 하고 싶나요? 과학자, 아이돌 등 다양한 꿈이 있을 거예요. 그런데 과학자가 되려면 수학, 과학을 잘해야 하고, 아이돌이 되려면 노래도 잘하고 음악 이론도 알아야 해요. 공부를 해야만 꿈을 이룰 수 있죠.

꿈을 이루고 나서도 공부는 계속돼요. 의사가 되어서도 인체와 질병, 새로운 감염병에 대해서 꾸준히 공부해야 하고, 영화 배우가 되어도 맡은 배역에 대해서 공부해야 하죠. 어떤 직업이든 공부를 게을리할 수는 없어요. 세상은 자꾸 변하고 새로운 지식과 정보가 흘러나오니까요.

또 공부를 하면 복잡하게 돌아가는 세상을 더 잘 이해할 수 있어요. 특히 세상에는 많은 정보가 넘쳐흐르고, 그중에는 잘못된 정보도 많아요. 이러한 정보를 비판적으로 바라보고 옳고 그른지, 진실이 맞는지를 판단하려면 여러 방면을 공부해 둬야 하죠.

'나는 축구 선수가 되고 싶은데 왜 수학, 사회 공부를 해야 하지?' 이런 궁금증이 생길 때도 있지 않나요? 왜 학교에서는 여러 과목을 가르칠까요?

여러 가지 공부를 하면 내가 잘하는 것이 무엇인지도 찾을 수 있고, 미처 발견하지 못했던 가능성을 탐색할 수도 있어요. 수학을 공부하면서 수학적 사고에 눈이 트일 수도 있고, 음악을 공부하면서 악보를 보거나 연주하는 능력이 좋다는 걸 발견할 수도 있죠. 꿈은 언제든지 바뀔 수도 있는데 그때마다 잘 대처하려면 여러 경험을 해 볼 필요도 있는 거예요.

무엇보다 다양한 공부는 다양한 생각을 할 수 있게 도와준답니다. 우리가 한 가지 일을 파고들 수 있는 힘을 기르는 것도, 복잡한 일 속에서 내가 할 일을 찾을 수 있는 것도, 여러 사람과 좋은 관계를 맺으면서 살아가는 것도 모두 다양한 생각이 바탕이 될 때 할 수 있는 거랍니다.

국어, 수학, 사회, 과학 공부를 왜 하냐고요?

자, 그러면 여기서 어른들이 강조하는 국어, 수학, 사회, 과학 공부를 왜 하는지 생각해 볼까요?

국어 공부는 왜 하는 걸까요? 우리는 국어 시간에 다양한 글을 읽어요. 이 과정에서 글을 읽고 이해하는 능력을 기를 수 있죠. 이 능력은 생각보다 중요해요. 단어 하나하나의 뜻은 아는데 여러 단어를 이어 붙인 문장은 제대로 이해 못하는 어른들도 많거든요. 글 전체의 맥락을 파악하는 일은 다양한 주제의 글을 읽고 생각하고 토론하는 과정을 통해 배울 수 있답니다.

또한 우리는 국어 시간에 글을 쓰고 말하는 방법도 배울 수 있어요. 이를 통해 다른 사람과 소통이 쉬워지고 내 생각을 정리하는 법도 절로 익힐 수 있어요.

'나는 커서 수학자가 될 것도 아닌데, 수학 공부는 왜 해야 하는 거야?' 궁금한 친구들도 있을 거예요. 우리는 수학을 통해 문제를 이해하고, 계획을 세워 문제를 해결하는 경험을 할 수 있어요.

'사과는 3개, 바나나는 7개가 있습니다. 바나나는 사과보다 몇 개 더 많을까요?'라는 문제를 풀어 볼게요. 먼저 문제를 풀려면 문제 내용을 잘 읽고 이해해야 해요. 구해야 할 것과 구하기 위한 단서를 찾아야 하죠. 그다음 단계로 문제를 풀기 위한 계획을 세워야 해요. 사과의 개수와 바나나의 개수를 더할 것인지 뺄 것인지 결정해야 하죠. 이 경우 문제를 잘 파악했다면 바나나의 개

수에서 사과의 개수를 빼는 계획을 세우겠죠? 이어서 계획에 따라 문제를 해결해야 해요. 바나나 7개에서 사과 3개를 빼기로 계획을 세웠으니 이에 따라 계산하면 된답니다. 마지막으로 내가 계산한 답이 맞는지 검토하고 답을 적어야 해요.

이런 식으로 수학은 논리적인 과정을 통해 답을 찾아요. 수학 문제를 풀었는데 논리적 사고도 키울 수 있는 거죠. 우리는 실생활에서 수많은 문제를 만나요. 이때 문제가 무엇인지 잘 파악하고 어떤 계획을 세워서 해결할 것인지 정해야 하죠. 마치 수학 문제를 풀 때처럼요. 수학 문제를 푸는 과정을 통해 실생활 문제도 해결할 수 있는 능력을 키운다는 게 정말 놀랍지 않나요?

지겹게만 느껴지는 사회 공부도 해야 하는 이유가 있어요. 바로 여러분이 세상을 더 넓게 바라볼 수 있게 도와주기 때문이에요. 예를 들어 우리는 사회 시간에 다른 나라의 문화를 배워요. 그럼 다른 나라에서 온 친구를 보고도 우리와 다르다는 편견을 가지지 않을 수 있죠. 사는 곳마다 사람마다 다르다는 걸 이해할 수 있으니까요.

또 한국사를 공부하면 뭐가 좋을까요? 역사는 단순히 과거 이야기를 적어 놓은 것이라고 생각해서는 안 돼요. 과거의 이야기를 통해 앞으로 더 나은 세상을 만들기 위해 어떻게 해야 할 것인지를 배우는 거죠. 과거에 벌어졌던 비슷한 사건이 현재에도 계속 일어나거든요. 그때 역사를 잘 알고 있다면 다시 실수를 하지 않을 수 있어요.

과학은 우리 주변에서 일어나는 현상을 이해하는 데 도움을 줘요. '하늘은 왜 파랗게 보일까? 물은 왜 얼까?' 이런 궁금증에 대한 답을 찾을 수 있게 도와주거든요.

그리고 과학적으로 문제를 해결하는 방법을 배울 수 있어요. 과학자들은 가설을 세우고 실험을 통해 검증하며 문제에 대한 해결책을 찾아요. 과학 시간에 실험을 하고 어떤 현상을 이해하는 과정도 마찬가지고요. 그래서 창의력, 논리적 사고력, 문제 해결 능력을 기를 수 있죠. 또 과학적 사고를 한다는 건 어떤 일에 대해 객관적으로 판단하려고 노력한다는 거예요. 우리가 일상에서 어떤 일을 겪을 때 감정에 치우치지 않고 객관적으로 판단할 수 있는 힘도 여기서 나온답니다.

매슬로가 들려주는 심리 이야기

　미국의 심리학자 에이브러햄 매슬로는 인간은 내적 욕구를 갖고 태어나고 이 욕구를 만족시키기 위해 노력한다고 생각했어요. 욕구란 무엇을 얻거나 무슨 일을 하고자 바라는 일을 말해요. 매슬로는 이러한 욕구가 총 다섯 단계로 구성되어 있다고 봤어요. 그리고 아래 단계의 욕구가 어느 정도 충족되어야 그 위의 욕구가 발현된다고 했죠. 매슬로가 제시한 인간의 다섯 가지 욕구를 살펴볼까요?

　첫 번째는 생리적 욕구예요. 인간의 생존을 위한 기본적인 욕구랍니다. 우리는 목이 마르면 갈증이 생겨 물을 마시고 싶어요. 음식이 부족하면 배가 고프고 힘이 빠져서 음식을 먹고 싶은 욕구가 생기죠. 수면이 부족한 경우 졸음이 쏟아지고요. 이렇게 사람에게 절로 생기는 욕구를 생리적 욕구라고 해요.

　두 번째는 안전의 욕구예요. 사람은 위험과 불안으로부터 자신을 보호하고자 하는 욕구가 있어요. 신체적 안전은 물론 심리적 안전까지 추구하죠. 사고나 폭력, 자연재해 등은 물론이고, 경제적 위기, 스트레스, 불확실성과 같은 것에서 자신을 보호하려고 해요. 안전의 욕구가 충족되지 않으면 불안과 두려움을 느끼게 돼요.

　세 번째는 소속의 욕구예요. 인간은 다른 사람과 함께하고자 하는 욕구가 있답니다. 가족 구성원과 친밀한 관계를 맺고 싶어 하고, 또래 집단이나 친구들과 어

울리며 소속감을 느끼고 싶어 하죠. 이러한 욕구가 충족되지 않으면 외로움, 소외감을 느끼게 돼요.

네 번째는 존중의 욕구예요. 자신의 능력과 가치를 인정받고 싶어 하는 욕구죠. 존중의 욕구는 크게 두 가지 측면으로 나눌 수 있어요. 하나는 타인으로부터 존중받고 싶은 욕구, 다른 하나는 자신을 스스로 능력 있고 가치 있는 존재라고 여기는 욕구예요. 이러한 존중의 욕구가 충족되지 않으면 열등감, 자신감 상실 등과 같은 문제가 생길 수 있어요.

다섯 번째는 자아실현 욕구예요. 자신의 잠재력을 최대한 발휘하고 성장하려는 욕구랍니다. 인간은 각자의 고유한 재능과 능력을 꽃피우고 싶어 해요. 그러기에 재능이 있었던 사람이 화가가 되어 자신만의 작품 세계를 펼치는 일, 사회 문제에 관심이 많았던 사람이 사회 운동가가 되어 더 나은 세상을 만들어 가는 일과 같은 것을 자아실현이라고 볼 수 있어요. 자아실현 욕구를 충족하지 못하면 삶의 목적과 의미를 찾지 못해 삶에 대한 만족도가 낮아질 수도 있어요.

매슬로의 욕구 이론을 통해 우리가 알 수 있는 것은 무엇일까요? 먼저 기본적 욕구가 충족되어야 학습에 집중할 수 있고, 공부를 잘하려면 충분한 수면, 영양가 있는 음식 섭취, 편안한 학습 환경 등이 필요하다는 거죠. 존중의 욕구가 충족되어야 자아실현 욕구로 이어진다는 점에서 자신의 강점을 이해하고 긍정적인 자아를 갖는 게 중요하다는 것도 알 수 있고요. 매슬로의 욕구 이론에 대해 이해하면, 지금 나의 욕구 수준을 점검하며, 이에 맞는 학습 전략을 세울 수 있을 거예요.

자기 효능감 : 나는 할 수 있어!

　동이는 수학 시간에 어려운 문제를 만나면 '어렵지만 할 수 있어!'라고 생각하며 문제를 해결하기 위해 노력하는 친구예요. 과학 실험 대회가 있다는 소식에 '나도 할 수 있을 거야!'라는 생각으로 참가하여 좋은 경험을 쌓았죠.

　반면에 현이는 '이건 너무 어려워. 나는 할 수 없어'라고 생각하며 쉽게 포기했어요. 과학 실험 대회가 있다는 소식에 '내가 잘할 수 있을까?' 걱정이 앞섰고 참가하지 않기로 했죠.

　같은 상황에서 두 친구가 각각 다른 모습을 보이는 이유가 무엇일까요? 심리학에서는 이것을 '자기 효능감'이라는 개념을 가지고 설명해요. 자기 효능감이라는 말이 어렵게 느껴지죠? 이걸 쉽게 풀어서 설명해 줄게요.

자기 효능감은 내가 어떤 일을 해낼 수 있다고 믿는 것을 말해요. 내가 어떤 일을 잘할 수 있는 능력이 있다고 믿는 거예요. 어려운 문제를 만났을 때도 할 수 있다고 생각한 동이는 자기 효능감이 높은 거고, 그렇지 않은 현이는 자기 효능감이 낮은 거죠.

　공부를 잘하기 위해 자기 효능감을 기르는 일은 중요해요. 자기 효능감이 왜 중요할까요? 자기 효능감이 높으면 자신감이 생겨요. 어려운 문제를 만나면 덜컥 겁이 날 수 있지만 자신감만 있다면 이걸 극복할 수 있죠. '나는 이 문제를 풀 수 있어!'라는 자신감이 있어야 끝까지 도전할 수 있어요.

　자기 효능감은 스트레스를 덜 받게 해 줘요. 시험을 볼 때 자기 효능감이 높은 사람은 '나는 열심히 공부했으니까 할 수 있어!'라고 생각해요. 시험에서 실수하더라도 '다음에는 더 잘할 수 있어'라고 생각하며 도전할 힘을 얻죠. 같은 상황에서 자기 효능감이 낮은 사람은 '이번 시험은 너무 어려워. 나는 못할 거야'라고 생각해요. 시험에서 실수하면 '역시 나는 안 돼'라고 생각하며 쉽게 좌절하죠. 결국 스트레스가 금방 쌓이게 된답니다.

　그렇다면 자기 효능감은 어떻게 키울 수 있을까요? 우선 작은 목표를 세우고 이루어 나가 보세요. 처음부터 너무 큰 목표를 세우면 이를 달성하기 어려워 포기하게 될 가능성이 높아요. 그러니 '이번 주에 수학 300개 문제 풀기'보다는 '오늘 수학 문제 10개 풀

기'처럼 작은 목표로 먼저 시작해 보는 거예요.

  이어서 내가 하는 일에 긍정적인 생각을 가져 보세요. 스스로에게 "나는 잘할 수 있어!"라고 말하며 믿음을 주는 거예요. 예를 들어 발표를 앞둔 상황에서 '나는 발표를 잘 못해. 이번 발표도 망칠 거야' 대신 '나는 발표를 열심히 준비했으니까 잘할 수 있을 거야!'라고 생각하는 거죠. 이러한 긍정적인 생각은 자기 효능감을 높이는 데 도움을 준답니다.

  마지막으로 여러 가지 성공 경험을 만들어 보세요. 다양한 활동을 통해 성공을 경험하면 자신에게 더 긍정적인 사람이 될 수 있어요. 우리는 학교에서 칭찬을 받거나, 체육 시간에 좋은 성적을 내면 성취감을 느낄 수 있어요. 이러한 성공 경험을 쌓으려면 다양한 활동에 적극적으로 참여하는 게 중요해요. 내가 좋아하는 활동뿐만 아니라 새로운 활동에도 도전해 보는 거예요.

  여기서 성공 경험은 단순히 좋은 결과만을 의미하지는 않아요. 어려운 문제를 풀기 위해 노력하는 과정에서 조금씩 실력이 향상되는 것을 느끼면, 이 역시 성공 경험이라고 할 수 있어요. 그러니 결과만큼 과정도 중요하게 생각해야 해요.

  여기에 한 가지 유의할 점이 있어요. 나를 믿는 건 중요하지만 현실에 기반하지 않은, 쉽게 말해 근거 없는 믿음은 안 돼요. 근거 없는 믿음과 자기 효능감의 차이를 알아볼게요.

　근거 없는 믿음은 실제 나의 능력이나 경험에 바탕을 두지 않는 거예요. 공부하지 않고 '나는 시험을 잘 볼 수 있어!'라고 생각하는 거죠. 실제로 공부하지 않으면 시험에서 좋은 성적을 받지 못할 가능성이 크잖아요. 이렇게 생각하는 건 현실적이지 않은 거죠. 운동 연습을 하지 않고 '나는 운동을 잘할 수 있어!'라고 믿는 것도 마찬가지겠죠. 반면에 자기 효능감은 실제로 열심히 공부하고 운동한 뒤에 잘할 거라고 믿는다는 게 큰 차이예요.

　우리는 건강한 자기 효능감을 길러야 해요. 근거 없이 무조건 할 수 있다고 믿는 게 아닌, 무언가를 잘하기 위해서는 열심히 노력하는 과정도 필요하다는 걸 알아야 하죠. 그리고 노력한 만큼 자신감을 갖는 거예요.

 **학습된 무기력 : 공부해도 소용없어**

공부할 때 자신감을 갖는 경우도 있겠지만 반대로 '나는 공부해도 소용없어, 어차피 잘 안 될 테니까'라고 생각하는 친구도 있어요. 어떤 경우인지 윤이의 이야기를 통해 살펴볼게요.

윤이는 초등학교에 처음 들어갔을 때는 모든 과목을 좋아했어요. 특히 수학을 열심히 공부했죠. 하지만 수학 문제를 자꾸 틀리게 되면서 점점 자신감을 잃었어요. 기대했던 결과가 안 나오자 윤이는 점점 '나는 수학을 잘 못해'라고 생각하게 되었어요.

윤이는 수학 시간이 다가오면 불안하고 두려웠어요. 선생님이 문제를 내주실 때마다 '나는 어차피 못 풀 거야'라고 생각했죠. 그래서 문제를 풀려고 노력조차 하지 않았어요. 친구들은 열심히 문제를 푸는데, 윤이는 그냥 포기하고 멍하니 앉아 있기만 했어요. 이런 상태가 계속되다 보니, 수학 시험 점수도 나빠지고 수학도 싫어졌어요. 부모님은 윤이에게 더 열심히 해야 한다고 말씀하셨지만, 윤이는 어차피 잘 안 될 거라는 생각만 했어요. 아예 포기하고 싶은 마음까지 들었답니다.

혹시 지금 윤이와 같은 생각을 하는 친구가 있나요? 공부가 너무 어려워서 '나는 공부해도 안 돼'라는 생각 말이죠. 이런 상태를 학습된 무기력이라고 해요. 여러 번의 실패를 경험하면서 '나는 해도 안 돼'라고 생각하게 되는 거죠. 이 상태에 빠지면 도전하는 것을 포기하고 노력하지 않게 돼요.

어른도 여러 번 실패를 겪다 보면 자신감이 없어지고 무기력해져요. 그러다 실패한 일을 또 만나면 회피하게 되고 나중에는 어떤 일을 해도 힘이 나지 않아요. 일상생활을 할 수 없는 상태가 되는 거죠. 그러니 학습된 무기력 상태에 빠지게 되면 이를 극복할 수 있도록 노력해야 해요.

학습된 무기력을 극복하는 방법은 자기 효능감을 기르는 것과 비슷해요. 작고 쉬운 목표부터 시작해서 긍정적으로 생각하며 성공 경험을 쌓는 거죠.

특히 너무 어려운 문제가 있을 때는 혼자 고민하지 말고 부모님이나 선생님에게 도움을 요청해 보세요. 혼자서 하다가 계속 막히면 자신감을 잃을 수 있으니까요. 공부할 때는 먼저 나에게 맞는 수준의 문제부터 풀어 나가는 게 중요해요. 그러니 부모님이나 선생님과 상담하면서 어떻게 하면 자신감을 잃지 않을지 공부의 난이도를 정해 보는 게 좋아요.

자존감 : 어쨌든 나는 소중한 사람이야!

요즘 미나는 학교에서 지내는 게 힘들어요. 수업 시간에 선생님이 질문을 하면 항상 긴장이 되거든요. 친구들이 발표하는 걸 보며 '나는 저렇게 잘하지 못해' 하는 생각이 들고요. 친구들과 지내는 것도 쉽지 않아요. 친구들은 재밌는데 내가 말하는 건 재미없을까 봐 걱정이 되거든요.

미나는 집에서 부모님이 격려하는 말도 믿지 못해요. 어떤 일을 부모님이 잘한다고 해도 '그냥 날 위로하는 말이겠지'라고 생각하면서 격려를 받아들이지 못하거든요. 그래서 집에 있을 때도 재미가 없고 우울한 생각만 들어요.

자기 자신을 소중하게 생각하고 사랑하는 마음을 자존감이라고 하는데, 자존감이 낮아졌을 때 미나처럼 자신을 부정적으로

생각하게 돼요. 항상 '나는 별로야, 누구도 날 소중하게 생각하지 않아'라고 생각하죠.

미나처럼 자존감이 낮아서 늘 주눅 들어 있는 친구도 있지만 오히려 남들에게 잘 보이려고 하는 친구도 있어요. 그런데 이런 친구도 몇 가지 문제가 있어요.

첫째, 다른 사람의 의견을 잘 받아들이지 못해요. 내가 돋보여야 해서 누가 의견을 내면 "그건 별로야"라고 하기 일쑤죠.

둘째, 자신의 실수를 잘 인정하지 않아요. 시험에서 틀린 문제가 많으면 시험 탓을 하지 자신이 공부를 안 해서라고는 생각하지 않죠. 결국 똑같은 실수를 반복하게 돼요.

셋째, 남에게 잘 보이고 싶은 마음에 스트레스를 받거나 불안감을 느껴요. 시험을 앞두고서는 '이번에 시험을 못 보면 실패한 사람처럼 보일 거야'라는 생각에 잠을 이룰 수 없고, 막상 시험을 볼 때는 너무 긴장해서 실수를 하게 되고요.

나 자신은 사랑하지 않으면서 다른 사람이 나를 인정하고 사랑해 주기를 바라는 건 욕심이에요. 누구보다 나를 사랑하는 건 바로 나 자신이어야 해요. 그래야 비로소 남들도 나를 바라보고 사랑해 줄 수 있는 거죠. 또한 나를 사랑하는 사람은 다른 사람도 더 크게 사랑할 수 있답니다.

 회복 탄력성 : 어려움이 와도 금방 회복할 수 있어!

며칠 전, 지나와 수미는 사회 시험을 봤어요. 모두 시험 전날 밤까지 열심히 공부했지만, 결과는 기대만큼 나오지 않았어요. 하지만 똑같은 상황에서 지나와 수미가 보이는 반응은 달랐어요.

지나는 매우 실망하고 좌절했답니다. 공부할 의욕까지 꺾였죠. 문제는 아무리 시간이 지나도 지나의 마음이 나아지지 않는 거였어요. 공부하기 싫다는 생각이 가득했답니다.

수미도 시험을 못 봐서 실망했어요. 하지만 수미는 곧 마음을 다잡았어요. '이번엔 좀 부족했지만, 다음에는 더 잘할 수 있어!'라고 생각했죠. 자신을 격려하며 열심히 공부했어요.

지나와 수미가 같은 상황에서도 다른 반응을 보였던 이유는 무엇일까요?

바로 회복 탄력성이 달랐기 때문이에요. 회복 탄력성은 어려운 일이나 실패를 겪었을 때, 다시 힘을 내고 기운을 차릴 수 있는 능력을 말해요. 자전거를 타다가 넘어져 다쳤을 때, 좌절하기보다 곧바로 다시 일어나서 자전거를 탈 수 있는 용기를 내는 거죠.

지나는 회복 탄력성이 낮았어요. 그래서 시험에 실패했을 때, 다시 힘을 내는 데 어려움이 있었죠. 반면 수미는 회복 탄력성이 높았어요. 그래서 시험에 실패했지만, 금방 다시 힘을 냈고, 더 열심히 공부하는 태도로 이어졌어요.

이처럼 공부할 때 회복 탄력성은 중요해요. 누구나 처음부터 끝까지 공부를 잘하고 시험도 잘 볼 수는 없잖아요? 공부하는 과정에서 실패하고 좌절하는 일이 생기는 건 당연한 일이에요.

회복 탄력성을 높이려면 좋은 일이든 나쁜 일이든 일단 받아들이려는 자세가 필요해요. 안 좋은 일이 생겼다고 회피만 하면 다음에 또 비슷한 일이 생겼을 때 제대로 대처할 수가 없어요. 나쁜 일도 받아들이고 다음에는 더 잘하려는 마음을 가져야 하죠.

다른 사람과 좋은 관계를 맺는 일도 도움이 될 수 있어요. 힘든 일이 생겼을 때 친한 친구나 가족에게 아픔을 나눌 수 있다면 더 쉽게 이겨 낼 수 있거든요. 시험 결과가 실망스러울 때, 조언을 구할 수 있는 사람이 있다면 좋을 거예요.

끈기 : 포기하지 않고 끝까지 해낼 거야!

　세훈이는 공부 때문에 많이 힘들어요. 특히 책상에 앉아서 공부를 오랫동안 하는 게 가장 힘들어요. 금방 지쳤고, 눈앞에 놓인 책 내용보다 다른 생각이 머릿속에 가득해서 집중도 안 됐어요. 공부한 지 10분도 지나지 않았는데 스마트폰을 보고 있었죠.
　세훈이처럼 공부를 오래도록 하는 것이 어려워서 고민인가요? 이건 끈기가 필요한 문제랍니다. 끈기는 힘들고 어려운 상황에서도 포기하지 않고 끝까지 노력하는 거예요. 무언가가 잘 되지 않더라도 계속해서 도전하고 노력하는 거죠.
　줄넘기 연습할 때를 생각해 봐요. 처음에는 금방 줄에 발이 걸리고 몇 번 넘길 수도 없었죠. 하지만 매일 조금씩 연습을 하다 보면 어느새 몇십, 몇백 개를 쉬지 않고 뛰어넘을 수 있잖아요?

무언가가 잘 되지 않아도 쉽게 포기하지 않고 끈기 있게 연습했기 때문에 가능한 일이에요.

공부도 마찬가지예요. 새로운 과목, 새로운 문제는 언제나 낯설고 어려워요. 그래도 하나하나 이해하다 보면 익숙하고 재밌는 문제처럼 느껴지죠. 알면 알수록 공부가 재밌어지는 거예요. 그런데 그 과정이 눈 깜짝할 사이에 벌어지는 건 아니에요. 끈기 있게 공부해야만 이룰 수 있는 거죠.

전에도 말한 것처럼 공부는 마라톤과 같아요. 짧은 시간에 성과가 나는 게 아니에요. 잠깐 공부했다고 모든 것을 이해하고 기억할 수 없어요. 오랜 시간 꾸준히 노력하는 수밖에 없죠. 그러려면 끈기가 가장 중요해요. 끈기가 있다면 공부하는 과정에서 오는 어려움을 극복하며 포기하지 않고 앞으로 나아갈 수 있어요.

무엇보다 끈기는 공부뿐만 아니라 생활 전반에 걸쳐 긍정적인 영향을 줘요. 새로운 것을 배우거나 꿈을 이루는 데도 필요하죠. 새로운 언어를 배울 때는 어떨까요? 가령 영어를 배울 때 처음엔 말하는 것도 어렵고 누가 영어로 이야기하면 하나도 들리지 않아요. 하지만 꾸준히 공부하다 보면 어느새 갑자기 말은 제대로 못 하더라도 영어로 말하는 게 들리기 시작해요. 참 신기하죠? 누가 마법을 부린 게 아닌데도 공부한 성과가 나타나는 거예요.

꿈을 이룰 때도 마찬가지예요. 빵과 과자를 만드는 파티셰가

꿈인 사람은 어떨까요? 어릴 적부터 빵 만드는 법을 배우고 연습을 해요. 그렇다고 해서 바로 파티셰의 꿈을 이룰 수는 없죠. 더 빵을 잘 만드는 사람에게 배우고 열심히 일해야 파티셰가 될 수 있어요. 그리고 빵을 더 맛있게 만들 수 있게 자꾸 새로운 시도를 하고 수많은 실패를 겪은 후에야 비로소 사람들에게 인정받는 파티셰가 될 수 있는 거예요. 끈기가 없다면 꿈도 내가 좋아하는 일도 하기가 쉽지 않아요.

하지만 끈기를 기르는 건 쉽지 않아요. 특히 지금 우리는 스마트폰, 게임과 같이 즉각적인 보상을 주는 것들에 익숙해요. 이런 것들이 빠르게 즐거움을 주죠. 반면에 공부는 바로 결과가 나타나지 않아요. 그러니 스마트폰을 보는 게 끈기를 방해한다는 걸 기억해야 해요. 그리고 즉각적인 보상은 결국 내가 컸을 때는 큰 도움이 되지 않는다는 것도요.

끈기 있게 공부하는 건 경험을 통해 배울 수 있어요. 어렸을 때부터 공부처럼 힘든 일을 끈기 있게 해 본 경험이 필요하죠. 지금부터라도 정해진 시간 동안 공부하는 일에 도전해 보세요. 공부 시간을 정해서 규칙적으로 반복하고, 서서히 그 시간을 늘려 보세요. 끈기를 키워 나가는 거예요.

성장 마인드셋 : 실수를 통해 배울 거야!

성장 마인드셋은 캐럴 드웩이라는 심리학 교수가 제안한 개념이에요. 사람의 능력이나 지능은 노력과 경험을 통해 발전할 수 있다는 내용이죠. '난 아직 잘 못하지만, 노력하면 더 잘할 수 있어!'라고 생각하는 거예요.

고정 마인드셋은 성장 마인드셋의 반대 개념이에요. 고정 마인드셋을 가진 사람은 자신의 능력이나 지능은 타고나서 변하지 않는다고 믿어요. 그래서 '난 원래 못해. 해도 잘 안 돼'라고 생각하죠. 성장 마인드셋을 가진 학생과 고정 마인드셋을 가진 학생은 공부할 때 어떤 차이가 있을까요?

민이는 이번 과학 시험에서 70점을 받았어요. 결과를 보고 실망했지만 '앞으로 노력해서 실수를 줄여 나가면 돼'라고 생각했어요. 그래서 틀린 문제를 살펴보며 자신에게 부족한 부분을 알아내고 교과서를 보다가 모르는 게 나오면 선생님께 질문도 했어요. 그러자 시간이 지나면서 조금씩 공부한 내용을 잘 이해할 수 있게 되었고, 다음 시험에서는 85점을 받았어요.

윤이도 역시 과학 시험에서 70점을 받았어요. '난 원래 과학을 못해. 역시나 이번에도 시험을 망쳤잖아.' 윤이는 자신이 타고난 능력은 어쩔 수 없다고 생각했어요. 그래서 공부할 때도 집중하지 않고 과제도 대충 넘겼어요. 결국 윤이는 지난 시험보다 더 안 좋은 점수를 받았어요.

민이와 윤이 가운데 누가 성장 마인드셋을 가졌는지 알 수 있겠죠? 맞아요. 민이예요. 성장 마인드셋을 가진 민이와 고정 마인드셋을 가진 윤이는 공부하는 모습에서 큰 차이가 있어요. 똑같이 실패를 경험했지만 이를 대하는 태도가 달랐어요. 민이는 실패했지만 다음에는 성공할 수 있다고 믿죠. 재능이나 능력이 성장할 수 있다고 생각하는 거예요. 하지만 윤이는 자신이 갖고 있는 재능과 능력은 고정되어 있어서 어차피 안 될 거라고 생각해요. 결국 윤이는 제자리에 멈춰 있거나 더 나쁜 결과를 맞이하게 되고 민이는 좀 더 성장할 기회를 마련해요.

그럼 성장 마인드셋을 갖추기 위해서는 무엇을 해야 할까요? 우선 긍정적으로 자신과 대화해 보세요. '좋아, 이건 기회야! 이

번에는 잘 안 됐지만 다음엔 잘할 거야'와 같은 말을 스스로에게 자꾸 해 보세요. 그리고 부정적인 생각이 든다면, 의식적으로 긍정적으로 바꾸려고 노력해 봐요. '나는 과학을 못해'라는 생각이 들 때 '과학, 조금 어렵지만 충분히 알 수 있을 거 같아'라고 바꿔서 생각해 보는 거죠.

공부를 하다 보면 실수와 실패를 피할 수는 없어요. 그래서 실수와 실패를 회피하려 하지 말고 오히려 배울 수 있는 기회로 활용해야 해요. 실수했을 때, 왜 그랬는지 생각해 보는 거예요. 다음에 같은 일이 벌어지지 않으려면 어떻게 해야 할까 고민도 하고요. 실수한 것을 메모하며 이를 통해 배운 점을 적어 보는 것도 좋아요. 그러다 보면 실수는 자연스레 줄어들 거예요.

공부하는 과정에서 도전적인 선택을 해 보세요. 쉬운 것 대신 어려운 것에 도전하는 거예요. 이미 알고 있는 문제보다 더 어려운 문제를 선택하고 이를 해결하다 보면 문제 해결 능력, 끈기, 나에 대한 신뢰 등 더 많은 것을 얻을 수 있답니다.

성장 마인드셋에서는 '아직'의 힘을 강조해요. '아직'이라는 말은 현재 상태가 고정된 것이 아니라 변화 가능하다는 거예요. 그러니 공부할 때 실패를 경험하면 '아직'이라는 단어를 사용해 보세요. '나는 수학 문제를 풀 수 없어' 대신 '나는 아직 수학 문제를 풀지 못했어'라고 생각하는 거예요. 이 문장에는 여러 의미가 들어 있어요. 현재 내가 이 문제를 풀지 못하는 상태임을 솔직하게 인정하는 의미, 지금 당장은 문제를 해결하지 못했지만 더 연습하고 배우면 해결할 수 있을 거라는 의미, 문제를 풀기 위해 더 많은 연습과 공부가 필요하다는 의미, 포기하지 않고 도전하겠다

는 의미 등이죠.

우리는 지속적인 노력을 통해 성장할 수 있어요. 그래서 노력의 가치를 인정해야 해요. 결과에만 집중하지 말고 과정도 살펴보는 거죠. 문제를 풀기 위해 노력한 점, 목표를 달성하기 위해 노력한 점을 살펴보고, 성실하게 공부한 자신을 스스로 칭찬해 주세요. 이렇게 노력을 통해 성장할 수 있음을 깨달으면 더 큰 성장을 이룰 수 있답니다.

그런데 '노력했지만 좋은 결과가 나오지 않아!' 이런 생각이 들 수도 있어요. 노력할 때 주의해야 할 점이 있답니다. 노력은 중요하지만 잘못된 방법으로 노력하는 건 오히려 노력의 가치를 느끼는 데 방해가 될 수 있어요. 그래서 자기만의 방식으로 적절하게 노력해야 해요. 지금 방법이 잘못되었다면 다른 방법을 찾는 거예요. 어떻게 바꿔야 할지 고민이 된다면 선생님이나 부모님과 이야기를 나누어 보세요. 내가 어떻게 공부했는지, 어떤 노력을 했는지 보여 주고, 선생님이나 부모님의 의견을 들어 보는 거예요. 이를 통해 더 좋은 방법을 찾아야 하죠. 단순히 노력만 하는 게 아니라 어떻게 노력할지도 생각해야 한답니다.

게임은 집중이 잘 되는데, 공부는 집중이 안 돼요!

여기서 질문을 하나 해 볼게요. 게임을 할 때나 유튜브를 볼 때 집중이 잘 되나요? 그럼 그때의 집중력을 공부할 때도 발휘할 수 있나요? 어떤가요? 아마 대부분 게임할 때는 집중이 잘 되는데 공부할 때는 그렇지 않다고 할 거예요. 당연해요. 두 경우의 집중력에는 차이가 있거든요.

게임이나 영상은 보통 짧은 시간 안에 높은 자극과 보상을 제공해요. 그래서 우리의 주의를 쉽게 끌어당기죠. 모바일 게임을 생각해 볼게요. 게임을 시작하면 화려한 그래픽과 흥미로운 음악, 귀여운 캐릭터들이 플레이어를 맞이해요. 그리고 적을 물리치면 점수나 코인과 같은 보상을 받게 되죠. 한 스테이지가 끝나면 곧바로 다음으로 넘어가서 플레이어가 지루할 틈이 없어요.

　반면에 공부는 스스로 주의를 기울여야 하는 경우가 많아요. 바로 보상이 나오지 않고 긴 시간 동안 덜 자극적인 환경에서 이루어져야 하기에 집중하기 위한 노력이 필요한 거예요. 한번 지금 이 책을 읽는 순간을 생각해 보세요. 짧은 영상을 볼 때는 별 생각 없이 즐기기만 하면 되지만 책을 읽을 때는 단어의 의미도 생각해야 하고 도대체 무슨 말을 하는지 문맥도 파악해야 하죠. 책을 덮는다고 해도 책에서 한 이야기를 머릿속에서 곱씹어야 할 때도 있고요. 스스로 생각하고 주의를 기울여야 하는 노력이 있어야 책 읽기가 가능한 거예요. 공부하는 것도 그 과정과 비슷하

고요.

　집중해서 공부하는 일은 단순히 공부를 잘하는 것 그 이상의 의미가 있어요. 게임이나 영상에 집중하는 게 수동적으로 집중이 되는 거라면 공부는 자발적으로 집중해야 하죠. 자발적인 집중력은 학업 성취도, 문제 해결 능력 같은 공부하는 힘에 긍정적인 영향을 줄 뿐 아니라 어른이 되어 사회 생활을 하는 데도 도움을 줘요. 세상 모든 일이 재밌는 영상을 의미 없이 보는 것처럼 멍하니 이루어지면 좋겠지만 집중하지 않고 할 수 있는 일은 그리 많지 않거든요. 나를 성장시킬 수 있는 자발적인 집중력을 키우는 데 노력할 수밖에 없는 거예요.

　물론 자발적인 집중력은 발휘하기 쉽지 않아요. 만약 이게 쉬운 일이었다면 많은 학생들이 공부를 집중해서 잘하고 있겠죠. 하지만 자발적 집중력이 나에게 매우 중요한 능력이라는 걸 알고 성장시키는 데 노력해야 해요. 그럼 모두 좋은 결실을 맺을 수 있을 거예요.

숏폼을 끊지 못하겠어요

  지훈이는 평소에 친구들과 잘 어울리고, 학교에서도 성실한 학생이었어요. 그런데 몇 달 전부터 일상에 변화가 생겼어요. 숏폼 영상을 자주 보기 시작한 거예요.

  처음부터 지훈이가 숏폼 영상을 자주 본 건 아니었어요. 쉬는 시간에 기분 전환을 위해 보는 게 전부였죠. 하지만 시간이 지나면서 이걸 보는 시간이 점점 길어졌어요. 어느새 집에 오자마자 스마트폰을 꺼내 숏폼 영상을 보는 게 일상이 되어 버렸어요.

  지훈이는 숙제, 공부 등 자신이 해야 할 일을 미루기 시작했어요. 원래 학교가 끝나면 집에 와서 바로 숙제를 했는데, 이제는 '이걸 조금만 더 보고 해야지'라는 생각으로 미루기 일쑤였어요. 그러다 보니 숙제를 제대로 하지 못한 채 다음 날 학교에 가는 일도 많아졌죠.

  특히 짧고 빠른 영상들이 연속으로 이어져 나오는 숏폼 영상에 빠져 있다 보면 지훈이는 시간이 얼마나 지났는지 모르기도 했어요. 짧은 영상 하나가 끝나면 또 다른 영상이 나오니까 계속 보게 되었죠. 10분만 보려고 했던 게 한 시간이 넘어가기도 했어요.

지훈이는 저녁 늦게까지 숏폼 영상을 보다가 늦게 자기도 했어요. 그래서 학교 수업 시간에 졸음이 쏟아지는 일도 있었죠. 선생님의 질문에 대답을 못하거나 친구들 앞에서 실수하는 일도 많아졌어요.

지훈이는 그런 자신이 걱정이 되었어요. 공부하는 시간이 줄어들고, 숙제도 제때 하지 못하고, 학교에서 집중하지 못하니까요. 하지만 숏폼 영상을 끊는 건 어려웠어요.

숏폼 영상을 보거나 게임을 하면서 지훈이와 같은 어려움을 겪어 본 친구 있나요? 처음에는 '잠깐만 해야지!' 생각했는데, 나도 모르게 많은 시간을 보내 버린 경험, 밤에 숏폼 영상을 보다가 늦게 자서 다음 날 수업 시간에 졸거나 집중하지 못했던 경험 등 말이죠. 재밌는 놀이도 과하면 일상생활에 피해를 줄 수 있어요.

하지만 이와 같은 숏폼 영상을 피하기란 쉽지 않아요. 스마트폰만 보면 너무 쉽게 찾을 수 있고 보는 순간 바로 재미와 즐거움을 주니까요. 그래서 우리에게 필요한 능력이 있답니다. 바로 자기 조절 능력과 절제력이에요.

자기 조절 능력은 자신의 행동을 조절하고 관리하는 능력을 말해요. 영상을 계속 보고 싶더라도 '지금은 그만 보고 숙제해야지!'라고 스스로 결정을 내릴 수 있는 능력이죠. 절제력은 어떤 일을 하고 싶은 마음이 강할 때, 그걸 조절하거나 제어할 수 있는 힘이에요. 영상을 계속 보고 싶어도 '이제는 그만 보고 다른 일을 해야 해!'라고 생각하며 이를 실천하는 게 절제력을 발휘하는 것이랍니다.

 자기 조절 능력과 절제력은 우리가 건강하고 균형 있게 생활할 수 있도록 해 줘요. 영상을 계속 보고 싶다는 마음이 드는 건 자연스러운 일이에요. 하지만 해야 할 일을 하지 않거나 잠을 줄이면서까지 과하게 보는 건 큰 문제가 될 수 있죠. 자기 조절 능력과 절제력은 이런 문제가 생기지 않도록 해 주며, 공부, 운동, 휴식과 같은 필요한 활동을 균형 있게 할 수 있도록 도와줘요. 따라서 자기 조절 능력과 절제력을 길러야 해요.

 그렇다면 영상을 보거나 게임을 할 때, 자기 조절 능력과 절제력을 발휘하려면 어떻게 해야 할까요?

 첫째, 시간을 명확하게 제한해 보세요. 아마 시간을 정해서 그 시간만 스마트폰을 하라는 부모님들도 있을 거예요. 그런데 그 시간을 나 스스로 정해 보면 어떨까요? 부모님과 상의해 봐도 괜찮고요. 영상을 보거나 게임 하는 시간을 미리 정해 놓고 타이머를 맞춘 뒤, 타이머가 울리면 멈추는 연습을 해 보세요. 하루 사용 시간을 제한하는 앱을 활용하여 시간을 관리할 수도 있어요.

 둘째, 영상 보는 것과 관련해서 목표를 정해 보세요. '숙제를 다 끝낸 뒤 10분만 영상 보기'와 같은 목표를 세우는 거예요. 당연

히 목표를 지키려고 노력해야 하고요.

　셋째, 오늘 할 일 목록을 만들어 보세요. 해야 할 일을 미루고 영상만 본다면 일상생활에 어려움이 생길 수 있어요. 그게 쌓이다 보면 나중에 나에게 큰 피해로 다가올 거예요. 할 일을 적어 놓고, 이것을 먼저 끝내는 습관을 길러 보세요.

　넷째, 다른 재미있는 활동을 찾아보세요. 영상을 보는 것처럼 스마트폰으로 노는 것 말고 다른 활동을 찾아야 해요. 운동, 그림 그리기, 책 읽기 같은 활동을 하며 시간을 보내는 거예요. 밖에서 하는 활동을 통해 자연스럽게 스마트폰 사용 시간을 줄여 봐요. 친구들과 밖에서 노는 시간, 가족과 함께 산책하는 시간 등을 계획해 보세요.

　다섯째, 가족이나 친구와 함께 스마트폰 사용 시간을 정하고 이를 지키는 일에 도전해 보세요. 그 시간 동안에는 부모님도 스마트폰을 하지 않고 함께 참여하는 거예요. 서로 도전에 성공할 수 있도록 도와주며 격려도 해 보세요.

친구들이 하니까 나도 하고 싶어요!

　친구들 사이에서 유행하는 영상을 보거나 게임을 하고 싶은 마음이 들 때도 있어요. 사람은 다른 사람들의 행동이나 의견을 따르려는 경향이 있거든요. 어떤 집단에 소속되기를 원하는 마음 때문이죠. 집단에 속하려고 그 안의 사람들과 비슷하게 행동하면서 안정감을 느껴요. 또한 친구들이 어떤 행동을 할 때 그 행동을 따르지 않으면 자신이 뒤처지거나 외톨이가 될 것 같다는 생각이 들 수도 있죠. 그래서 주변 친구들이 하는 걸 따라 해야 잘 어울릴 수 있고 대화에 참여할 수 있다는 생각이 들어요.
　이러한 현상은 자연스럽게 나타나지만 때로는 너무 지나치면 더 중요한 것을 놓칠 수도 있어요. 나를 성장시키는 데 시간을 쓰지 못하고 목표를 세워도 이루는 데 어려움이 생기죠. 그러니 나

에게 진짜 중요한 것이 무엇인지 잊지 않으려고 노력해야 해요.

나에게 가장 중요한 것이 무엇인지 생각해 보세요. 건강하게 크는 것, 남에게 피해를 주지 않고 사는 것, 열심히 공부해서 남을 도와주며 살 것 등 사람마다 중요하게 생각하는 게 달라요. 여러분은 무엇을 중요하게 생각하나요? 혹시 친구들이 한다고 그걸 똑같이 따라하다가 정작 내가 중요하게 생각하는 걸 놓치고 있지는 않나요? 여러 사람이 재밌어 하는 걸 보면 당연히 나도 하고 싶어져요. 하지만 그게 나에게 중요한 가치를 깨뜨리게 해선 안 돼요. 그러니 좀 더 지혜로운 선택을 할 수 있어야 한답니다.

친구들이 같이 영상을 보자고 하거나 게임을 하자고 할 때 내 생각이나 느낌을 적절하게 표현해 보면 어떨까요? "나도 지금 게임을 하고 싶지만 숙제를 먼저 하고 싶어. 숙제를 끝낸 뒤 이따 하는 건 어때?" 이렇게 말하는 거예요.

친구들에게 '아니오'라고 말하는 건 나쁜 게 아니랍니다. 진정한 친구라면 나의 결정을 이해하고 존중해 줄 거예요. 나 역시 친구들의 결정을 존중해 주면, 서로의 선택을 이해하는 건강한 관계를 만들 수 있답니다.

에릭슨이 들려주는 심리 이야기

발달 심리학자 에릭 에릭슨은 인간의 발달 과정을 여덟 단계로 나누었어요. 그리고 각 단계에서 해결해야 할 핵심 과제가 있다고 했죠. 각 단계에서 발달 과제를 잘 해결하면 긍정적으로 발달이 이루어지지만, 그렇지 않을 경우 부정적인 결과가 나타날 수 있다고 해요. 그럼 여러분이 해당하는 시기에는 어떤 발달 과제가 있을까요? 한번 살펴봐요.

초등학생 시기는 근면성 대 열등감의 단계에 해당해요. 이 시기의 아이들은 공부와 다양한 활동을 통해 근면성을 발달시키는데, 부모와 교사의 격려와 인정을 받으며 자신감과 성취감을 얻게 되죠. 하지만 이 과정에서 잦은 실패를 하거나 능력이 없다고 느끼면 열등감에 빠질 수도 있어요.

청소년기는 자아 정체성 대 역할 혼미 단계에 해당해요. 이 시기에는 자신의 정체성을 형성하는 게 중요하죠. '나는 누구인가?'에 대한 답을 찾아가는 거예요. 만약 가치관, 진로 등 다양한 측면에서 자신의 정체성을 찾지 못하면 정체성 혼란을 경험할 수 있어요.

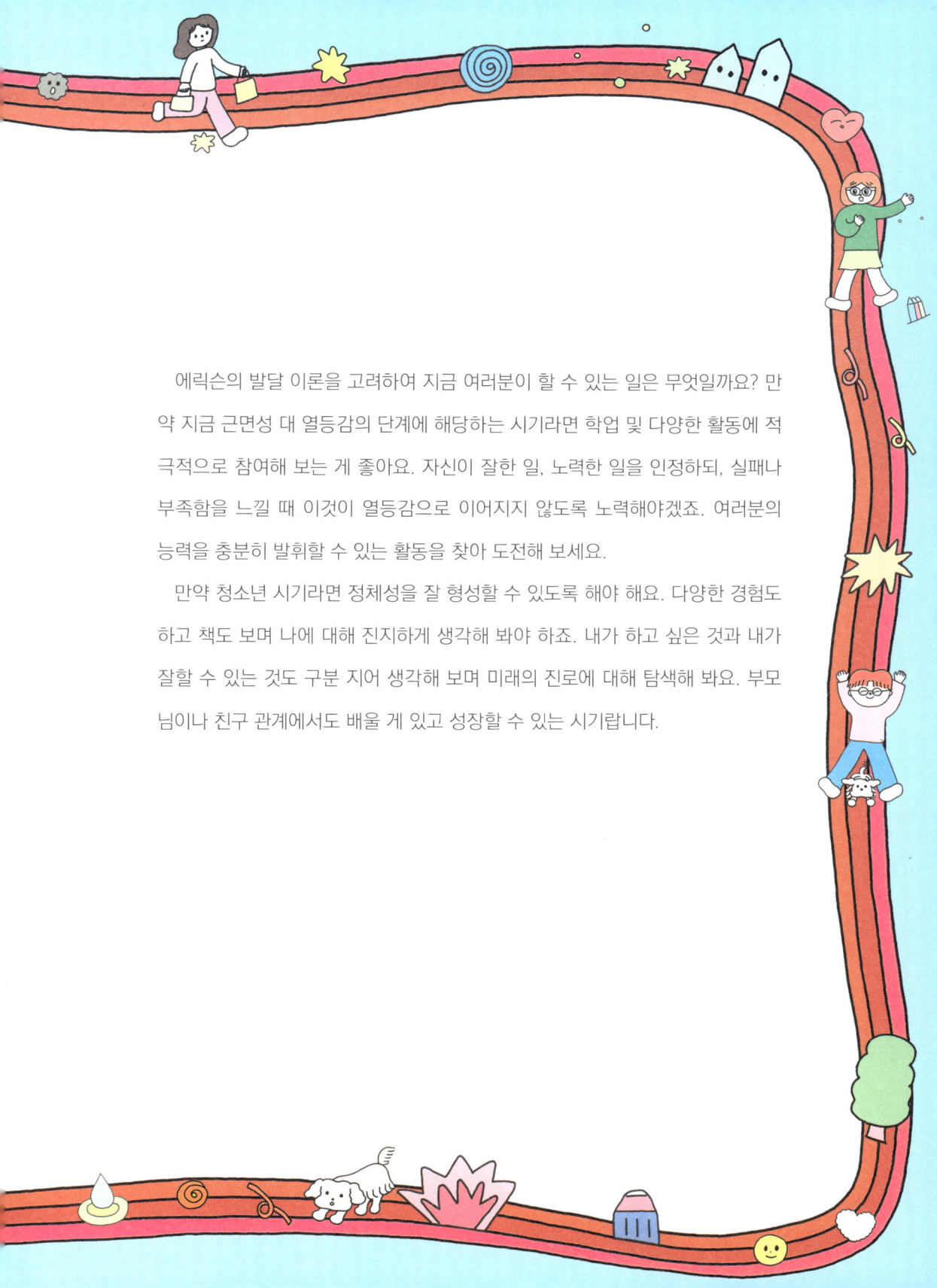

　에릭슨의 발달 이론을 고려하여 지금 여러분이 할 수 있는 일은 무엇일까요? 만약 지금 근면성 대 열등감의 단계에 해당하는 시기라면 학업 및 다양한 활동에 적극적으로 참여해 보는 게 좋아요. 자신이 잘한 일, 노력한 일을 인정하되, 실패나 부족함을 느낄 때 이것이 열등감으로 이어지지 않도록 노력해야겠죠. 여러분의 능력을 충분히 발휘할 수 있는 활동을 찾아 도전해 보세요.

　만약 청소년 시기라면 정체성을 잘 형성할 수 있도록 해야 해요. 다양한 경험도 하고 책도 보며 나에 대해 진지하게 생각해 봐야 하죠. 내가 하고 싶은 것과 내가 잘할 수 있는 것도 구분 지어 생각해 보며 미래의 진로에 대해 탐색해 봐요. 부모님이나 친구 관계에서도 배울 게 있고 성장할 수 있는 시기랍니다.

5
어떤 길로 가야 할까요?

진로 찾기, 왜 중요한가요?

수영이는 어렸을 때부터 과학에 관심이 많았어요. 누가 옆에서 읽으라고 하지 않아도 과학책을 읽고 또 읽었어요. 실험하는 것도 좋아했죠. 하지만 주변의 권유로 수영이는 의사가 되기로 했어요. 수영이는 열심히 공부해서 의대에 진학했어요. 그런데 점점 자신의 선택이 옳았는지 의문이 들기 시작했어요. 후회가 되기도 했죠. 환자를 돌보는 일보다 실험실에서 연구하고 싶다는 생각이 더 많이 들었으니까요.

수영이의 이야기처럼 진로 선택은 우리 인생에 큰 영향을 줘요. 그러니 진로를 결정할 때 신중해야 하죠. 진로를 잘못 선택하면 나중에 후회할 가능성이 많기 때문이에요.

'저는 꿈이 없어요, 앞으로 무얼 하면 좋을지 모르겠어요.' 아마 이런 생각을 하는 친구가 많을 거예요. 근데 그게 나쁜 건 아니에요. 당연히 지금은 내가 미래에 하고 싶은 일이 무엇인지 모를 수도 있죠. 하지만 진로를 찾기 위해 노력하지 않는 건 문제가 생길 수 있어요. 어떤 일이 생길까요?

고등학생인 현재는 학교를 졸업하고 대학에 진학하려는데, 무엇을 공부하고 싶은지 전혀 모르겠어요. 어릴 때부터 미래에 하고 싶은 일을 제대로 고민해 본 적이 없거든요. 대학에 있는 여러 전공 중에서 무엇을 선택해야 할지 갈피를 잡을 수 없었어요. 어쩔 수 없이 부모님과 선생님의 조언을 듣고 전공을 골랐죠. 이렇게 들어간 대학에서 배우는 전공은 재미도 없었고, 자신과 잘 맞지 않는 것 같았어요.

진로에 대해 고민한 적 없는 현주는 그냥 사회에서 안정적이라고 말하는 직업을 선택했어요. 하지만 흥미도 없고 능력에 맞지 않는 일을 하다 보니 만족감을 느낄 수가 없었어요. 직장 생활에 큰 불만은 없었지만, 매일 아침 일어나서 회사로 가는 게 고통스러웠죠. 일을 마치고 돌아왔을 때도 허전한 느낌이 들었고요.

여러분은 앞으로 하고 싶은 일이 무엇인지 찾기 위해 노력해야 해요. 그렇지 않으면 대학에 진학할 때도 직업을 선택할 때도 무엇을 해야 할지 결정하지 못하게 돼요. 겨우 결정한다 해도 만족감이 생기지 않고 자꾸 허전하기만 하죠. 아직 꿈이 없다고요? 그러면 꿈을 찾기 위해 노력해 봐요. 꿈이 있으면 공부하는 태도도 달라지거든요.

  서진이는 어릴 때부터 꿈이 있었어요. 과학자가 되어 사람들에게 도움이 되는 물건을 만들고 싶었어요. 학교에서 과학을 공부하는 것은 너무 재밌어요. 반면 수학은 너무 싫어했죠. 재미가 없어서 수학 공부를 멀리했어요. 하지만 과학자가 되려면 수학도 잘해야 한다는 사실을 알게 됐어요. 주변 어른들이 알려 줬거든요. 서진이는 꿈을 위해 어쩔 수 없이 수학 공부도 시작했어요. 처음엔 너무 어렵고 흥미도 생기지 않아 제대로 공부할 수는 없었지만 꿈을 위해서 포기하지 않았죠. 그러다 보니 어느새 수학도 잘하게 되고 아는 만큼 흥미도 생겼어요. 과학과 수학 모두 잘하게 된 거죠.

  서진이처럼 미래에 하고 싶은 일이 명확해지면, 이를 위해 공부를 더 열심히 하게 돼요. 목표가 공부에 대한 동기를 높여 주거든요. 누가 옆에서 공부하라고 말하는 것보다 스스로 이유를 찾는 게 훨씬 공부에 도움이 돼요. 그러니 진로를 찾는 데 노력을 기울여 봐요.

진로를 찾기 위해 해야 할 일이 있나요?

　진로가 중요하다는 것은 알겠는데 진로는 어떻게 찾을 수 있을까요? 함께 진로 찾는 방법에 대해서 고민해 봐요.

　첫째, 진로를 잘 찾으려면 나의 강점과 약점을 제대로 파악해야 해요. 내가 잘하는 쪽으로 진로를 생각하는 편이 낫지, 잘 못하는 쪽으로 진로를 정할 필요는 없어요.

　둘째, 내가 어떤 가치를 중요하게 여기는지 생각해야 해요. 사람을 돕는 데 뿌듯함을 느낀다면 아픈 사람을 치료하는 일, 어려운 사람들을 돕는 일과 관련된 진로를 생각할 수 있죠. 창조적인 활동이 즐겁다면 창의적인 예술 작품을 만드는 직업을 생각해 볼 수 있고요.

　셋째, 다양한 직업을 파악하는 것도 중요해요. 세상에는 정말

많은 직업이 있어요. 내가 몰랐던 직업을 알게 되었을 때 '아, 내가 원하던 직업을 찾았다'라고 생각할 수도 있어요. 그리고 직업의 종류를 많이 아는 만큼 선택의 폭도 넓어진답니다.

직업에 대해서 알아볼 때는 책을 봐도 좋고 인터넷에서 정보를 얻어도 좋아요. 관심 있는 직업을 가진 사람이 쓴 책을 보면 좀 더 구체적으로 그 직업의 세계에 대해서 알 수 있어요.

학교나 외부 기관에서 제공하는 다양한 직업 체험 활동에도 참여해 보세요. 아직 진로를 찾지 못한 친구가 다양한 직업을 직접 경험해 볼 수 있는 좋은 기회예요.

넷째, 세상이 어떻게 변화하는지 관심을 가져야 해요. 세상은 끊임없이 변해요. 새로운 기술과 산업이 생겨나고 이에 발맞춰 새로운 직업도 나타나요. 대신 사라지는 직업도 있죠. 어떤 직업이 새로 생기고 어떤 직업이 사라지는지 알아야 미래에 어떤 일을 하면 좋을지 생각할 수 있어요.

또 직업이 같아도 하는 일은 달라질 수 있어요. 예를 들어 의사들은 점점 로봇을 이용해 수술을 하는 경우가 많아지거든요. 예전처럼 수술 도구만 활용할 수는 없죠. 그래서 새로운 기술에 발맞춰 새로운 능력을 길러야 해요.

미래 사회에 대한 관심이 없다면 새로운 환경과 기술에 적응하는 데 어려움을 느낄 수 있어요. 만약 여러분이 운전하는 일이

멋있어 보여서 운전하는 일을 나중에 해야겠다고 생각하면 어떨까요? 지금은 운전자 없이 인공 지능을 활용해 운전하는 자율 주행 차가 개발되고 있고 이미 운행하는 곳도 있어요. 그럼 미래에는 운전하는 능력은 가치가 많이 떨어질 테죠. 기술이 사람의 능력을 대신할 테니까요. 그러니 변화할 미래를 상상하는 것이 필요해요.

일과 직업을 긍정적으로 바라보기

　진로를 생각할 때는 꼭 일과 직업을 소중히 여기는 마음을 가져야 해요. 만약 일과 직업을 소중히 여기지 않는다면 어떨지 은아의 이야기를 통해 생각해 봐요.

　은아는 부모님이 매일 아침 일찍 일어나서 출근하고 피곤해하는 모습을 보며 일하는 건 힘들고 재미없을 거라고 생각했어요. 어떤 직업도 갖고 싶지 않았죠. '어차피 나중에 하고 싶은 일도 없는데 지금 공부해서 뭐해?'라는 생각이 들어 공부에도 관심이 없었어요. 자신의 꿈을 이루기 위해 공부를 열심히 하는 친구들과는 수업을 대하는 태도가 달랐어요.

　그렇다면 힘들고 귀찮기만 할 것 같은 일에도 좋은 점이 있을까요? 가장 먼저 떠오르는 건 돈을 벌 수 있다는 거예요. 우리가 살

아가려면 돈이 필요한데, 돈은 일해야 벌 수 있죠. 하지만 직업은 단순히 돈 버는 도구가 아니에요. 그 이상의 가치가 있거든요. 어떠한 가치가 있냐고요?

첫째, 우리가 독립적으로 생활할 수 있게 해 줘요. 일을 하면서 돈을 벌기 때문에 다른 사람에게 의존하지 않고 스스로 살아갈 수 있죠.

둘째, 일을 통해 새로운 것을 배우며 다른 사람과의 관계에서 성장할 수 있어요. 어떤 직업이든 일을 하다 보면 다양한 기술과 지식을 습득하고 많은 사람들을 만나게 돼요. 새로운 것을 익히고 얻는 과정을 거치며 성장할 수 있죠.

셋째, 자신의 가치를 증명할 수 있어요. 일을 통해 돈을 번다는 것은 우리가 제공하는 서비스나 제품에 대한 가치를 인정받는다는 의미이기도 해요. 선생님은 학생들을 가르쳐서 교육 서비스의 가치를 인정받고, 의사는 환자들을 진료하고 치료하는 의료 서비스의 가치를 인정받아 보수를 받는 거죠. 요리사는 직접 만든 음식의 가치를 인정받는 거고요.

넷째, 일에서 보람, 즐거움을 찾을 수 있어요. 의사가 환자를 치료해서 건강을 되찾게 해 주는 과정에서 기쁨과 보람을 느끼는 것처럼요.

그래도 저는 꿈이 없는데요

일과 직업이 중요하다는 걸 알았지만, 아직 꿈이 없어서 고민인 친구들도 있을 거예요. 하지만 이것은 문제가 되지 않아요. 좋아하는 일, 잘하는 일을 찾는 건 당연히 어려워요. 너무 조급해하지 말고 꾸준히 찾아보면 언젠가 보일 테니 걱정하지 말아요.

꿈이 없는 친구들은 우선 지금 하고 있는 일에 최선을 다해 보세요. 학교에서 열심히 공부하고, 친구들과 즐겁게 지내다 보면 자연스럽게 내가 무엇을 좋아하는지 발견할 수 있어요.

다양한 경험을 하는 것도 좋아요. 운동, 미술, 음악, 과학 실험 등 여러 가지 활동에 적극적으로 참여해 보세요.

다양한 분야의 책을 많이 읽는 것도 좋아요. 책을 읽으면 우리가 경험하지 못한 세상과 사람들의 이야기를 간접적으로 체험할

수 있거든요.

부모님이나 선생님께 조언도 구해 보세요. 대화의 시간을 마련하고 미래에 어떤 일을 하면 좋을지 잘 모르겠다고 이야기해 보세요. 부모님은 어떻게 직업을 선택했는지 경험을 들어 보는 것도 좋아요. 선생님과도 이야기하며 진로 찾기에 도움을 얻을 수도 있고요.

'공부 심리를 알려 주는 책에 왜 진로, 꿈 이야기가 나오지?' 궁금한 친구들도 있을 거예요. 꿈을 찾고, 꿈을 향해 나아가는 과정은 공부하는 마음과 깊이 연결되어 있거든요. 꿈이 있으면 그것을 이루기 위해 더 열심히 공부하고 싶어지니까요.

선생님의 이야기를 들어 볼래요? 선생님은 교육 봉사를 하며 학생들을 가르치는 일을 하고 싶다는 꿈이 생겼어요. 이 꿈을 이루려면 공부를 열심히 해야 했죠. 그전까지만 해도 공부를 하긴 했지만, 열정을 다하지는 않았어요. 그런데 진로를 찾게 되자 공부하고 싶은 마음이 크게 생긴 거죠. 여러분도 꿈을 찾아 공부에 대한 열정을 느낄 수 있기를 바라요.

6
사실, 나도 공부를 잘하고 싶어요!

 공부 목표를 세우고 있나요?

　목표는 우리가 하고 싶은 일, 이루고 싶은 꿈을 실현할 수 있게 도와줘요. 공부할 때 목표가 없다면 지금 내가 왜 공부해야 하는지에 대한 답을 할 수 없죠. 그래서 동기가 약하고 집중력이 떨어질 수 있어요. 공부하기 전에 목표를 정해야 한답니다. 좋은 공부 목표를 세우기 위해 할 수 있는 일을 알아봐요.

　목표를 정할 때는 구체적으로 잡아야 해요. 왜 그럴까요? 구체적인 목표는 우리가 할 일을 좀 더 정확하게 알려 주거든요. '수학 잘하기'보다는 '다음 수학 시험에서 90점 이상 받기'처럼 말이죠. 이렇게 해야 내가 앞으로 공부를 얼마나, 어떤 방향으로 해야 할지 알 수 있어요. 또한 구체적인 목표는 내가 공부를 잘 수행하고 있는지 확인하기 쉽게 만들어 줘요. '더 열심히 영어 단어 외

우기'보다 '매일 20개씩 영어 단어 외우기'라는 목표가 내가 공부를 잘 수행하고 있는지 알 수 있게 해 주죠. 구체적인 목표는 집중력을 높여 주기도 해요. '사회 공부 열심히 하기'와 '이번 주 금요일까지 사회 교과서 1단원 읽기' 두 목표 중 어떤 것이 더 집중력을 발휘할 수 있을까요? 맞아요. 뒤에 있는 구체적인 목표랍니다. 언제까지 어느 정도의 양을 해야 하는지 알려 주기에 더 집중해서 할 수 있죠. '사회 공부 열심히 하기'와 같은 모호한 목표는 오히려 무엇을 할지 모르게 만들어서 불안감이나 스트레스를 줄 수도 있어요. 구체적인 목표는 성취감을 더 분명하게 느낄 수 있게 해 줘요. '책 읽기'보다 '일주일에 책 2권 읽기'가 성취감을 더 제대로 느끼게 해 주죠.

구체적으로 목표를 세울 때는 현실적으로 실현 가능한 것인지 확인해야 해요. 나의 능력과 주변 상황 등을 고려하여 설정해야 하죠. 지나치게 높은 목표를 설정하면 이를 달성하기 어려워 좌절감을 느끼기 쉽고, 성취감을 느낄 기회가 사라져요. 반복된 실패 경험은 공부에 부정적인 태도를 형성할 수도 있으니 실현 가능한 목표를 잡아야 해요. 또한 공부는 오래 해야 하는 건데 비현실적인 목표는 공부를 꾸준히 할 힘을 떨어뜨린답니다.

철이는 지난 시험에서 수학 성적이 70점이었어요. 그래서 이번에는 100점을 목표로 세웠죠. 처음에는 의욕이 넘쳐서 매일 밤

늦게까지 문제를 풀기도 했어요. 하지만 시간이 지나며 문제가 생겼어요.

다음 수학 시험에서 100점을 맞기 위해 매일 문제 50개씩 풀기로 했지만, 하루에 이렇게 많은 문제를 푸는 건 너무 어려운 일이었거든요. 문제를 풀어도 자꾸 틀리고, 이해가 되지 않는 부분이 많기도 했어요. 틀리는 문제가 계속 나오고, 문제가 계속 어렵게만 느껴지니 점점 불안하고 스트레스가 쌓였죠.

수학 시험은 잘 봤냐고요? 아뇨. 성적은 75점이었어요. 목표로 한 100점과는 거리가 너무 멀었고, 좌절감만 느꼈어요. 너무 큰 목표를 설정해서 이런 일이 생긴 거였답니다.

목표를 세울 때는 기한을 포함해야 해요. 목표를 언제까지 달성할 것인지 명확한 날짜를 설정하는 거죠. 기한을 설정하면 목표 달성 시점도 명확해지니 더욱 공부할 동기가 생겨요. 더불어 기한 내에 목표를 달성해야겠다는 책임감이 생기면서 다른 놀거리 등 유혹에 방해를 덜 받고 목표에 집중할 수 있어요.

이해하며 공부하고 있나요?

　재윤이는 사회 과목을 좋아해요. 하지만 이번에 배우는 경제 단원은 너무 어렵게 느껴졌어요. 재윤이는 경제 용어를 읽고 또 읽었어요. 하지만 개념이 명확하게 이해되지 않았어요. 개념을 이해하지 못하니 외우기도 힘들었고요.

　공부하면서 "이해했어?"와 같은 말을 들어 본 적 있나요? 공부를 잘하려면 공부한 내용을 이해하는 게 필요하거든요. 근데 이해한다는 건 대체 무슨 말일까요? 내가 이해했다고 답하긴 했는데 정말 이해한 게 맞을까요?

　이해하는 건 단순히 외우는 것과는 달라요. 이해는 내가 배운 내용을 완전히 파악해서 자신만의 방식으로 설명하거나 응용할 수 있는 것을 말하죠. 단순히 외운 지식은 잊어버리기 쉽지만 이

해한 지식은 기억에 더 오래 남아요.

이해하면 복잡한 문제를 해결하는 데에도 도움이 돼요. 수학 공부를 예로 들어 볼까요? 수학 공식을 외웠을 때는 공식을 활용할 문제를 찾기가 어려워요. 똑같은 유형의 문제를 보면 공식을 넣어서 바로 적용할 수 있지만 조금만 문제 유형이 바뀌어도 해결하기 어려워요.

반면에 수학 공식을 이해하면 문제의 상황에 맞게 공식을 사용할 수 있고, 다른 유형의 문제에도 이를 적용할 수 있죠.

당장 이해가 되지 않을 때는 외우는 게 도움이 될 때도 있어요. 시험을 앞두고 무작정 외운 게 당장 좋은 결과를 만들기도 하죠. 하지만 오랜 시간을 두고 봤을 때는 이해하는 게 중요해요. 만약 암기는 했는데 이해가 되지 않는다면 다음과 같은 방법을 사용해 보세요.

외운 뒤 시간이 생겼을 때, 다시 한번 외운 내용을 생각해 봐요. 그와 관련된 예시로 무엇이 있는지 살펴보고 비슷한 문제를 풀어보는 것도 좋아요. 무엇보다 외운 내용을 반복해서 공부해 봐요. 읽고 또 읽다 보면 정말 이해하게 되는 경우도 있답니다.

시험이 꼭 필요할까요?

　당연한 얘기겠지만 시험을 좋아하는 친구는 별로 없을 거예요. 시험이라고 하면 부담스럽고 긴장되기 마련이죠. 하지만 살면서 시험을 피하는 건 어려운 일이에요. 학교에서 공부한 내용을 이해했는지 확인하는 시험, 상급 학교에 진학하기 위한 시험, 회사에 들어가기 위한 시험, 특정 분야에서 일을 하기 위한 자격증 시험 등 세상에는 다양한 형태의 시험이 있어요.

　시험을 피할 수 없다면 어떻게 하는 게 좋을까요? 시험을 무조건 싫어하기보다 긍정적인 면을 찾아봐야 해요. 그래야 조금이라도 부정적인 생각이 줄고 열심히 시험 준비를 할 수 있을 테니까요. 그러면 시험에는 어떤 긍정적인 면이 있을까요?

　시험은 그동안 공부한 걸 확인할 수 있는 기회예요. 시험을 통

해 내가 무엇을 잘 이해하고 있는지, 무엇을 더 공부해야 할지 알 수 있죠. '이번 시험을 통해 내가 수학에서 제대로 이해하고 있는 부분과 부족한 부분을 확인해 보자!' 이렇게 생각하면 부정적인 생각도 줄어들고 시험을 통해 더 효율적으로 공부할 수 있을 거예요.

시험은 목표를 세워 도전할 수 있게 해 줘요. 다음 달에 수학 시험을 본다고 했을 때 90점 이상을 목표로 세워 공부할 수 있죠. 목표를 달성하기 위해 더 열심히 공부할 테고요. 만약 시험이 없다면 목표를 구체적으로 세우기 어려울 수도 있어요. 게다가 시험에서 목표를 달성하며 성취감과 자신감을 얻을 수도 있는데 이런 경험의 기회도 사라지죠.

시험은 우리가 앞으로 만나게 될 더 큰 도전을 준비하게 도와 줘요. 대학에 들어가거나 취업을 할 때도 시험을 봐요. 나중에 어른이 되었을 때 더 중요한 시험을 맞닥뜨릴 수 있는데 지금부터 익숙해지지 않는다면 중요한 시험을 제대로 치를 수 없어요. 시험도 연습이 필요한 거니까요.

잘 배우고 싶다면 메타 인지!

공부를 잘하고 싶다면 '내가 지금 공부를 잘하고 있을까?' 생각해야 해요. 그렇지 않으면 내가 어떤 부분을 개선하고 무엇을 공부하는 데 더 시간을 써야 할지 알 수가 없죠.

자신의 생각이나 학습 과정을 스스로 인식하고 조절하는 능력을 '메타 인지'라고 해요. 내가 무엇을 알고 무엇을 모르는지 파악하는 능력이라고 할 수 있죠. 메타 인지를 잘 사용하면 효율적으로 공부할 수 있어요.

그럼 메타 인지를 어떻게 활용하면 될까요? 먼저 공부할 때, '내가 이 내용을 정말 이해했나?'와 같은 질문을 스스로에게 던져 보세요. 학습 과정을 스스로 점검하는 과정이랍니다. '이건 잘 모르겠는데? 이 부분은 내가 정확하게 설명할 자신이 없는데?' 이

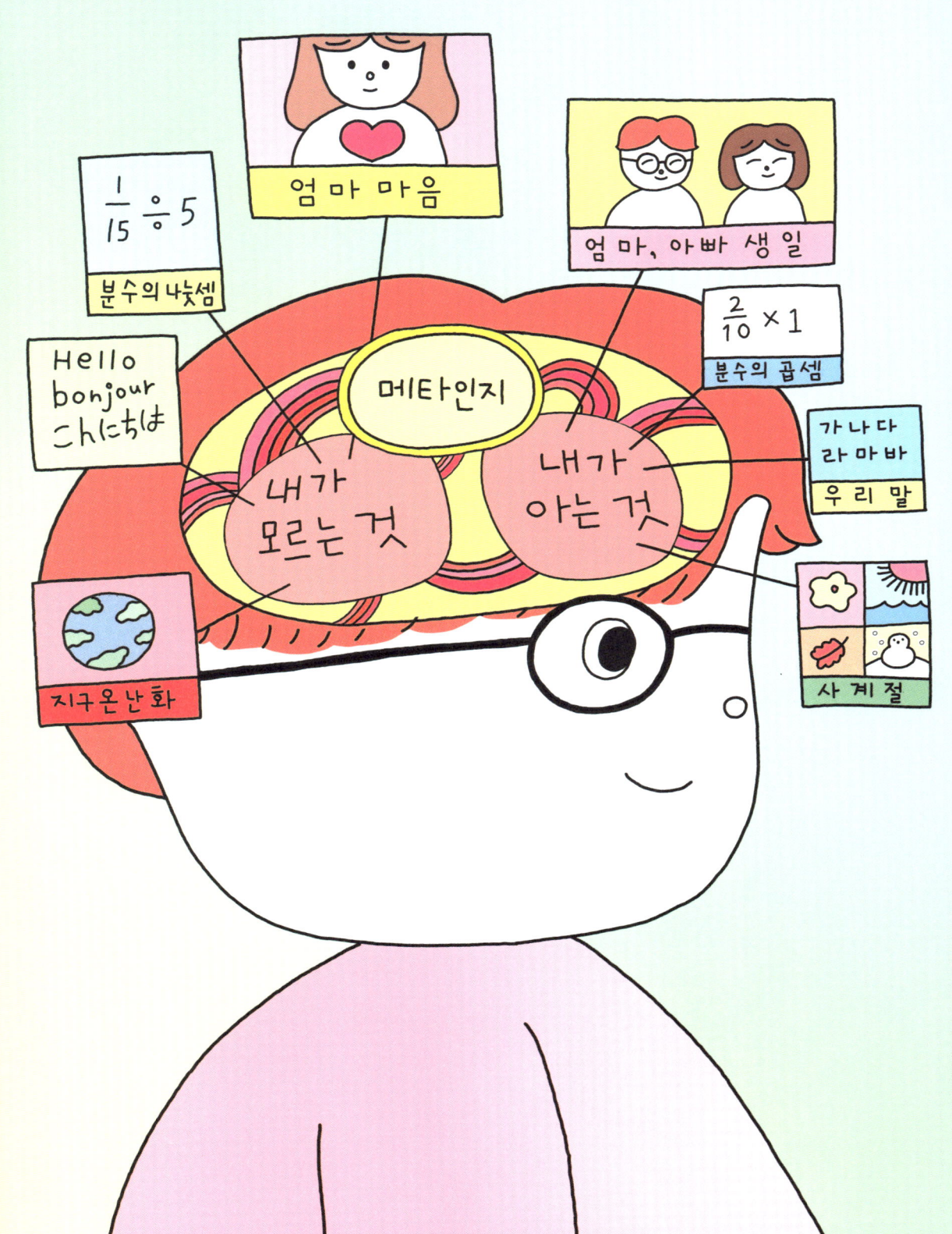

런 생각이 든다면, 해당 부분은 다시 복습할 필요가 있죠.

공부를 마친 뒤에는 내용을 얼마나 잘 이해했는지 평가해 보세요. '이 개념을 설명할 수 있나? 이 문제와 비슷한 문제가 나오면 풀 수 있나?' 등으로 스스로 기준을 세워 평가하는 거죠.

메타 인지를 활용할 때 주의할 점도 있어요. 자신을 평가할 때 최대한 객관적으로 평가해야 한다는 점이에요. 우리는 가끔 어떤 문제를 풀 때 운이 좋아 정답을 맞혔지만 내가 잘 알아서 맞혔다고 착각할 수 있어요. 반대로 자신을 과소평가하는 것도 주의해야 해요. 이미 제대로 이해하고 있는데도 자신감이 없어 의심하다 보면 필요 이상의 공부를 하게 되는 경우가 있죠.

메타 인지를 통해 나의 학습 과정을 점검하다 보면 부족한 부분을 발견할 수 있어요. 이때 '이 정도면 됐어' 하고 어려운 부분을 그냥 넘어가거나 잘 모르는데도 인정하지 않는 걸 조심해요. 그런 태도는 길게 봤을 때 공부에 도움이 되지 않는답니다.

학습 과정을 점검할 때 다른 사람의 이야기도 들어 보세요. 혼자서 공부할 때는 내가 무엇을 잘 알고 있고, 무엇을 더 공부해야 할지 명확하게 판단하기 어려워요. 내가 놓치는 건 없는지 부모님이나 선생님 등과 이야기를 나누며 올바르게 판단해 봐요.

도전! 좋은 공부 습관 만들기

　습관은 어떤 일을 오랫동안 반복하며 자연스럽게 익힌 행동이나 생각의 방식을 말해요. 처음에는 의식적으로 했던 일이 시간이 지나면 특별히 신경 쓰지 않아도 저절로 하게 되는 경우가 있어요. 예를 들어 아침에 일어나서 세수하기, 식사한 뒤 이 닦기 같은 건 어려서부터 매일 반복하다 보니 자연스레 몸에 밴 거죠. 이런 게 습관이에요.

　습관을 기르는 일은 쉽지 않지만 좋은 습관을 갖는 건 중요해요. 좋은 습관은 우리를 더 성공적으로 살 수 있게 만들어 주기 때문이에요.

　공부 습관은 공부할 때 반복적으로 하는 행동이나 방식이에요. 매일 같은 시간에 공부를 시작하는 것, 공부를 시작하기 전

에 항상 휴대폰을 끄는 것 등이 습관으로 만들 수 있는 행동이죠. 우리는 공부 시간을 알차게 만들어 줄 좋은 공부 습관을 키워야 해요. 동시에 나쁜 공부 습관이 생기지 않도록 노력해야죠.

그러면 좋은 공부 습관은 어떻게 생길까요? 습관은 꾸준히 반복하면서 만들어요. 처음에는 의지를 갖고 행동해야 하죠. 꾸준히 노력하면서 매일 반복하다 보면 어느새 익숙해져요. 몸과 마음이 이 습관을 기억하는 거예요. 공부 습관도 그렇게 만들면 돼요. 공부할 시간을 정해서 처음 며칠은 알람을 맞추고 그 시간에 '꼭 해야지!' 하는 의지로 시작해요. 처음엔 어렵겠지만 꾸준히 반복하다 보면 알람 없이도 비슷한 시간에 공부하는 모습을 볼 수 있어요.

좋은 습관을 기르는 것과 함께 나쁜 습관이 생기지 않게 노력하는 것도 필요해요. 나쁜 행동도 반복하면 습관이 될 수 있거든요. 해야 할 공부를 미루거나 공부할 때 집중이 안 되면 스마트폰을 드는 행동도 반복하다 보면 습관이 되죠.

이미 나쁜 공부 습관이 있나요? 하지만 너무 걱정하미 마세요. 누구나 잘못된 습관을 가질 수 있으니까요. 내가 나쁜 습관을 갖고 있다는 걸 깨닫고 바꾸려고 노력하는 게 중요해요.

먼저 왜 이런 습관이 생겼는지, 왜 이렇게 행동하게 되었는지를 생각해 보세요. 공부할 때 자꾸 스마트폰을 본다면 왜 그런지 생각해 보는 거예요. 공부가 지루해서? 아니면 잠깐 쉬고 싶어서 그럴 수도 있죠.

　이어서 습관을 바꿀 수 있도록 목표를 세워 보세요. 큰 목표 보다는 작은 목표가 좋아요. '공부하는 동안 스마트폰을 다른 방에 두기'와 같은 간단한 것부터 시작하는 거예요. 처음에는 힘들어도 꾸준히 실천하다 보면 점점 익숙해지는 걸 알 수 있어요.

　나쁜 습관을 없애기 위해 노력하는 나를 격려하는 일도 중요해요. 작은 성공에도 스스로 칭찬해 주세요. 오늘 스마트폰을 다른 방에 두고 집중해서 공부했다면 실천한 나를 칭찬하는 거예요.

　그럼 나쁜 습관을 없애고 좋은 습관을 기르는 일에 도전해 보세요. 조금씩 노력하면 긍정적인 변화를 만들 수 있을 거예요.

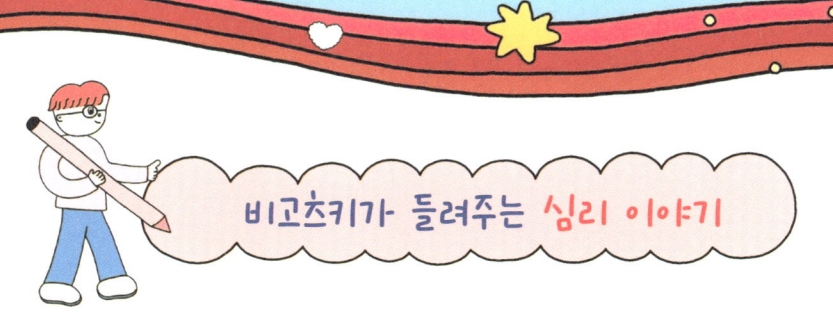

비고츠키가 들려주는 심리 이야기

러시아의 인지 심리학자 레프 비고츠키는 인간을 능동적이고 주체적인 존재로 보았어요. 환경과 상호 작용하며 인지 발달이 이루어진다고 했죠. 비고츠키는 아동이 스스로 해결할 수 있는 부분을 실제적 발달 수준이라고 하고, 누군가의 도움을 받아 해결할 수 있는 부분을 잠재적 발달 수준이라고 했어요. 그리고 두 수준 사이의 범위를 근접 발달 영역이라고 불렀죠. 비고츠키는 지금은 도움을 받아야 하는 일을 나중에는 스스로 해낼 수 있도록 하는 것이 중요하다고 보았어요.

순이는 아직 혼자 자전거를 타지 못해요. 하지만 부모님이 옆에서 가르쳐 주면서 점점 혼자 탈 수 있게 되었어요. 순이가 부모님의 도움으로 앞으로는 혼자서도 자전거를 탈 수 있게 된 거죠. 실제적 발달 수준이 올라간 거예요. 이처럼 근접 발달 영역은 우리가 공부할 때 어떻게 하면 되는지 힌트를 줍니다. 어떤 힌트일까요?

첫 번째 힌트

공부할 때 다른 사람의 도움을 받아야 할 때도 있다는 거예요. 어려운 수학 문제를 혼자 풀지 못하더라도, 선생님이나 친구의 도움을 통해 풀 수 있는 경우도 있죠. 이렇게 내 능력의 한계를 넘어서는 과제를 다른 사람의 도움으로 해결하고 내 것으로 만들 수도 있답니다.

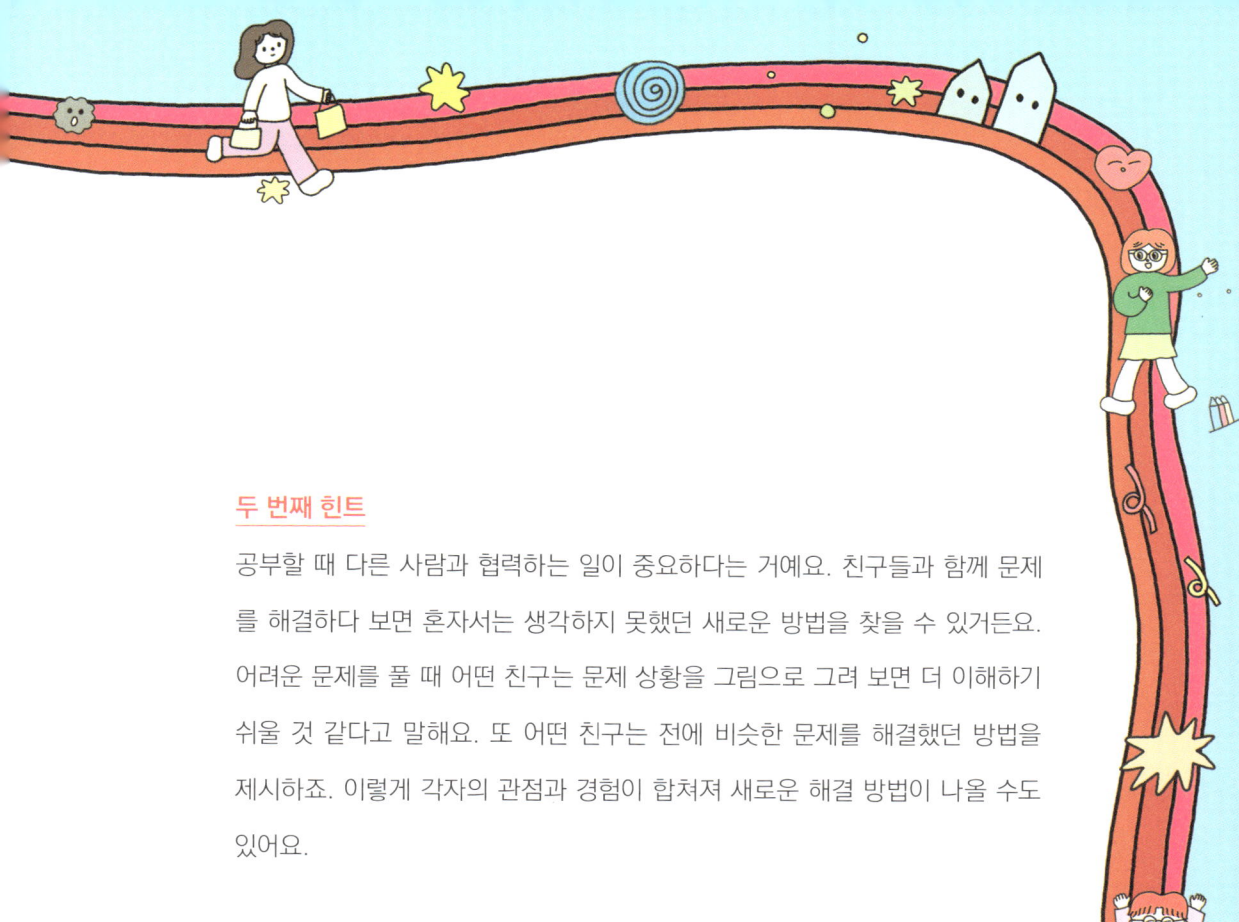

두 번째 힌트

공부할 때 다른 사람과 협력하는 일이 중요하다는 거예요. 친구들과 함께 문제를 해결하다 보면 혼자서는 생각하지 못했던 새로운 방법을 찾을 수 있거든요. 어려운 문제를 풀 때 어떤 친구는 문제 상황을 그림으로 그려 보면 더 이해하기 쉬울 것 같다고 말해요. 또 어떤 친구는 전에 비슷한 문제를 해결했던 방법을 제시하죠. 이렇게 각자의 관점과 경험이 합쳐져 새로운 해결 방법이 나올 수도 있어요.

세 번째 힌트

스스로 어려워하는 부분을 파악하고, 이를 극복하기 위해 노력하는 게 중요하다는 거예요. 공부하다가 어려운 부분이 있을 때, 누군가에게 도움을 요청하는 건 부끄러운 게 아니에요. 영어 공부를 할 때 문법이 어렵게 느껴지나요? 그러면 선생님이나 친구에게 도움을 요청하여 부족한 부분을 보완해야 해요. 다른 사람에게 내가 무언가를 못한다고 말하는 게 싫을 수도 있어요. 하지만 포기하는 것보다는 낫죠. 자신의 약점을 극복하려고 노력하는 자세는 공부뿐만 아니라 삶의 전반에서도 큰 도움이 된다는 것을 기억해야 해요.